ପାଉଁଶର ପାଣ୍ଡୁଲିପି

ପାଉଁଶର ପାଣ୍ଡୁଲିପି

ଗୌରହରି ଦାସ

BLACK EAGLE BOOKS
2021

BLACK EAGLE BOOKS
USA address:
7464 Wisdom Lane
Dublin, OH 43016

India address:
E/312, Trident Galaxy, Kalinga Nagar,
Bhubaneswar-751003, Odisha, India

E-mail: info@blackeaglebooks.org
Website: www.blackeaglebooks.org

First International Edition Published by
BLACK EAGLE BOOKS, 2021

PAUNSHARA PANDULIPI
by **Gourahari Das**

Copyright © **Gourahari Das**

All rights reserved. No part of this publication may be reproduced, stored in a retrieval system, or transmitted, in any form or by any means, electronic, mechanical, photocopying, recording or otherwise without the prior permission of the publisher.

Cover and interior art: **Tanuj Mallick**

Interior Design: Ezy's Publication

ISBN- 978-1-64560-160-9 (Paperback)

Printed in United States of America

ସେଇସବୁ ଚଇତି ସଂଜମାନଙ୍କ ସ୍ମୃତିରେ,
ଯେଉଁମାନେ ମୋର ଗପକୁ ଗୀତରେ ସଜେଇ ଦେଇଥିଲେ

ଅଳ୍ପ ଗୀତର ଗଳ୍ପ: ଚଉଠେ ଚିତ୍ରକଳ୍ପ

ଡାଳର ଡାଇରିରେ ଡଙ୍କର ଡ୍ରଇଂ - ପତ୍ରର ପାରାଗ୍ରାଫ୍ - କଢ଼ର କମା - ଫୁଲର ଫୁଲ୍‌ଷ୍ଟପ୍ !

ଚେର ?

ଚଉଦିଗକୁ ଚଉହଦିର ଚୋରା ଚିଠିଟିଏ !

ରେଖାଙ୍କିତ ରହସ୍ୟରେ ରଙ୍ଗ ରଚିଯାଇଚି ରୋମାଞ୍ଚ । କେଉଁ କାବ୍ୟନାୟିକାର କାକଜ୍ୟୋତ୍ସ୍ନାରେ କରୁଣ ଏ କବିତା ସବୁ ? କବିତା ନା ଗୀତ ?

ଦୁଃଖ ଅପ୍ରମିତ ।

ସେ ଦୁଃଖ ଗାଲିବ୍‌ଙ୍କଠୁ ଗୌରହରି ଯାଏଁ ସତତ ସଂପ୍ରସାରିତ ।

ଗଜଲ୍ ଗୁଜୁରିଉଠେ ଗାରେ କଜଳ ପାଇଁ କେଉଁଠି ତ, ସାଏରୀ ଶିହରିଉଠେ ଧାରେ ସିନ୍ଦୂର ସକାଶେ ଆଉ କେଉଁଠି ?

ପ୍ରଶ୍ନବାଚୀ ପରି ପ୍ରେମ, ବିସ୍ମୟବାଚୀ ବିଭ୍ରମ ବିଧାନ କରେ ବର୍ଣ୍ଣମାଳାର ବିଚିବିଚିତ୍ରାରେ । ବିନ୍ଦୁ ବିନ୍ଦୁ ବିରଳ ବେଦନା ଭିତରେ କବିତା ଯେମିତି କେଉଁ କରୁଣ କେନ୍ଦ୍ରବିନ୍ଦୁଟିଏ - ଯାହା ଚାରିପଟେ ନାରୀଠୁ ନିୟତି, ନଶ୍ୱରୀଠୁ ଈଶ୍ୱରୀ, ପ୍ରସ୍ତରୀଠୁ ପ୍ରଣୟବଲ୍ଲରୀ ସମସ୍ତେ ସମାହିତ ନିଜ ନିଜ ବିଶେଷ ବୃତ୍ତାଙ୍କନରେ ।

ଗତକାଲି ଯାଏଁ ଗୌରହରିଙ୍କ ଗଳ୍ପ ପଢୁଥିଲି, ଆଜି ଗୀତ !

ଗୌରହରିଙ୍କ ଏ ଗୀତସବୁ ଶେଷ ଶୀତର ପ୍ରଥମ ପତ୍ରଝଡ଼ା । ରୁଗ୍ଣ ରୁମାଲ୍‌ର ରିକ୍ତତାରେ ରକ୍ତଗୋଲାପର ରଫୁରଗଡ଼ା !

ଗୀତର ଗୟସ ନା କବିତାର କୃଷ୍ଣଚୂଡ଼ା ?

ହଁ, ବୟସର ବୟନରେ ବସନ୍ତର ବନଚମ୍ପାଟିଏ ଅଛି ଏଠି - ଅଛି ଅଭୁଲା ଅନୁରାଗର ଅନୁକମ୍ପା - ତମ ଛଡ଼ା, ମୋ ଛଡ଼ା !

ଗୌରହରିଙ୍କର ଏ ଗତସଞ୍ଚର ଗାଥାରେ କଥାସବୁ କୁହୁଡ଼ି, ବ୍ୟଥାସବୁ କାକର। ମନ ମନେହୁଏ ମଲାଜହ୍ନର ମଫସଲ ତ ହୃଦୟ ହଂସମିଥୁନର ହ୍ରଦଟିଏ... ଜୀବନର ଜଳଛବିରେ ସ୍ଥଳପଦ୍ମ ପରି ଯେଉଁଠି ଫୁଟିଉଠେ ଭୀରୁ ଭଲପାଇବାଟେ।

ଭଲପାଇବାଟେ ଭାରି ଭୀରୁ ତମର, ପ୍ରିୟ ଗୌର !

ମନ ଊଣା କରନା ମୋଟେ ମୋର ଏ ଉକ୍ତିରେ। ତମର ସେ ଗଲାଦିନର ଭଲପାଇବା କ'ଣ ମଲାଟମଡ଼ା ବହି ଭିତରେ ମୟୂର ଚନ୍ଦ୍ରିକାଟିଏ, ଯାହାକୁ ମୁଁ ଦେଖୁଚି ଏତେ ବର୍ଷ ପରେ ?

ଧୂଳିରେ କେଉଁଠି ଥିଲା ଏତେ ଗୋଧୂଳି ?

ବାଲିରେ କେଉଁଠି ଥିଲା ଏତେ ବାହୁନା, ରେ ବନମାଳୀ ?

ବର୍ଷାରେ କେଉଁଠି ଥିଲା ଏତେ ବରକୋଳି ?

ଅଷ୍ଟମ ଦଶକର ସେ କଷ୍ଟକୁ ଆଜି ଏକବିଂଶ ଶତାବ୍ଦୀର ଆଦ୍ୟଦଶକ ଶେଷାଙ୍କରେ କଳିଲାବେଳକୁ ମୁଁ ଖୋଦ୍ ଖଣ୍ଡେ ପଥର ! ଦେବାଳୟଠାରୁ ଦୂରରେ ମୋ' ଦେବାଳିଆ ଦିପହର - ଦୋସମାଳିଠୁ ଦୂରରେ ମୋ ଦଶ ଦୋସର !

କେହି ମତେ କହିନାହାନ୍ତି କେଉଁଠି ସେ କଳ୍ପତରୁର କୈଳାସ କି ବଟବନସ୍ତର ବୈକୁଣ୍ଠ ? କେହି ବି ମତେ ଦର୍ଶାଇ ନାହାନ୍ତି କେଉଁଠି ସେ ଦ୍ରାକ୍ଷାଲତିକାର ଦର୍ଶନୀୟ ଦ୍ୱୀପ କି ଦିବ୍ୟଦାରୁକାର ଦୁରଧିଗମ୍ୟ ଦେବୋତ୍ତର ଦେଶ - ଯେଉଁଠି ଦ୍ୱିତୀୟ ଈଶ୍ୱରର ଛଦ୍ମବେଶରେ ଛପିଛପି ବାସନ୍ତୀରାତିରେ ବୁଲୁଥାନ୍ତି ତମପରି ପ୍ରଥମ ପ୍ରେମିକମାନେ !

ଏଥିପାଇଁ ଅବସୋସ ନାହିଁ ଅଣୁମାତ୍ର।

୨

ପାଉଁଶର ପାଣ୍ଡୁଲିପିରେ ଫୁଲର ଫୁଟ୍‌ନୋଟ୍ ପଢୁଚି ମୁଁ।

ଦିଶିଯାଉଚି ଦୂବହଂସର ଦୁନିଆ - ଶଙ୍ଖଚିଲର ସଂସାର - ଗେଣ୍ଡାଳିଆର ଗାଁ। ମାନସିଂହଙ୍କ ମାନଚିତ୍ର, ସଚ୍ଚି ରାଉତରାୟଙ୍କ ସରହଦ, ବିନୋଦ ନାୟକଙ୍କ ବିଦିଶା ଓ ଗୁରୁପ୍ରସାଦଙ୍କ ଗ୍ଲୋବ୍‌ର ଟ୍ରାଫିକ୍‌ଜାମ୍‌ରେ ଟା' ଟା' କରୁଥିବା ପ୍ରେମର ଟୁରିଷ୍ଟକୁ ରମାକାନ୍ତୀୟ ଟ୍ରାଜେଡ଼ି ବାଟେ ଶ୍ରୀ ପଳାତକ ରୂପରେ ଚିହ୍ନିଲାବେଳକୁ ଏଠି ଓଡ଼ିଆ କବିତା ଏବକୁ ଏବେ ଗୋଟାପଣେ ଗହଳ ଗଦ୍ୟର ଗୌଣ ଗଣତନ୍ତ୍ର - ଯେଉଁଠି ଗୀତ ଘର୍ମାକ୍ତ ଆଉ କବିତା କର୍ଦ୍ଦମାକ୍ତ।

କବି କେବଳ କାସାବିଏଙ୍କା। ଏକା। ଏକଦମ୍ ଏକା। ବୋଇତ ବୁଡ଼ି ବୁଡ଼ି ଗଲା

ବେଳକୁ ବି ବିଲ୍‌କୁଲ୍   ବୋକା। ଅପ୍ରାପ୍ତ ଅନୁମତିର ଅପେକ୍ଷାର ସେ ସେଇଠି ସ୍ଥିର, ସେଇଠି ସ୍ଥିତ - ଯେଉଁଠୁ କେଇପଦ ମାତ୍ର ପଛେଇ ଆସିଲେ ଆଗେଇ ଆସିହେବ ଜମି ଆଡ଼କୁ, ଜିଇଁବା ଜାଗାକୁ। କିନ୍ତୁ ସେ କରିବ କ'ଣ? ପାଦେ ନଘୁଞ୍ଚିବା ହିଁ ତା' ପଣ। ରମାକାନ୍ତଙ୍କ 'ଜହ୍ନରାତି'ର ସେଇ ବିକଳ ପଦଟି ପରି ଇଏ ଗୋଟେ ଅବାକ୍ ଅଚଳାବସ୍ଥା - 'ମୁଁ ଏଠାରୁ ପାରିବିନି ଘୁଞ୍ଚି କାଳେ ଜହ୍ନ ବୁଡ଼ିଯିବ!'

ପ୍ରିୟ ଗୌର, ତମେ ବି କ'ଣ ଏତେ ବର୍ଷ ପରେ ପାସୋରି ପାରିଚ ତମ ମଧୂମାସକୁ? ନହେଲେ ଗଳ୍ପର ଗହଳି ଭିତରେ ଏ ଅଳ୍ପ ଆଳାପନୀ, ସ୍ୱଳ୍ପ ସ୍ୱର, ସଂକଳ୍ପବଦ୍ଧ ସ୍ୱଗତ ସହିତ ସାମୟିକ ସନ୍ଧି କାହିଁକି? ତମ ଗୋପର ଗୋଧୂଳି, ଗୋପନୀୟ ଗୋପୀଭାଷା ସବୁ ଗଳ୍ପ ବଦଳରେ କାହିଁକି ବା ବାଛିନେଲା କବିତାର କେଳିକୁଞ୍ଜ? ପିଙ୍ଗଳବର୍ଣ୍ଣର ପୃଥିବୀରେ ତମ ପଦାବଳୀ ପ୍ରକୃତରେ ପୀତାମ୍ବରୀ - ଜିନ୍‌ର ଜିଗର୍, ମ୍ୟାକ୍‌ସୀର ମ୍ୟାଜିକ୍, ମିନିର ମେକ୍‌ଅପ୍, ଫେସନ୍ ସୋ'ର ଫେସ୍‌ଭାଲ୍ୟୁ ଫିଙ୍ଗି ଦେଇ ଫେରିବାର ଫର୍ଦ୍ଦପାଠ ପ୍ରଥମରୁ-

''ବଗିଚାକୁ ତୁମେ
ଯିବନି ଗୋ ସଖୀ
ଫୁଲ ପଡ଼ିଯିବେ ଫିକା
ପ୍ରଦୀପ ପାଖରେ
ବସିବନି କେବେ
ଲାଜେ ଲିଭିଯିବ ଶିଖା।''

ଯା' ହେଉ ଓ ରକ୍ଷିତାମାନଙ୍କ ରଙ୍ଗ ସଭା ସେପଟରୁ 'ସଖୀ' ତ ଏତେଦିନକେ ଅନ୍ତତଃ ଅଙ୍ଗ ଅଭିବ୍ୟକ୍ତ କଲା ଆଖିଆଗେ! ବୟଫ୍ରେଣ୍ଡର ବଇନା, ଗାର୍ଲଫ୍ରେଣ୍ଡର ଗ୍ୟାଲେରି ଆଡ଼େଇ ପ୍ରେମ ଏଠି ପରିଣତ ପ୍ରାର୍ଥନାରେ-

''ଥିରିଥିରି ବାଟ
ଚାଲୁଥିବାବେଳେ
ନ ଚାହିଁବ ଫେରିଫେରି
ବନହରିଣୀର
ଗଉଁ ଭାଜିଯିବ
ସରମରେ ଯିବ ସରି।''

ଗାର୍ଲଫ୍ରେଣ୍ଡର ଗ୍ୟାଲପ୍‌ଚାଲିରୁ ମୁକୁଳାଇ ଆଜି ଓଡ଼ିଆ କବିତାକୁ ତୁମେ ଆଉଥରେ ମୁହାଁଇ ନେଇଚ ବନହରିଣୀର ମୁଲାଏମ୍ ଛନ୍ଦବନ୍ଧନ ଆଡ଼େ। ସେଥିପାଇଁ ଦ୍ରୁତ ଦୀର୍ଘଶ୍ୱାସ

ପରି ତମ ନିଭୃତ ପ୍ରେମର ସ୍ୱର ସଚଞ୍ଚଳ, ଶବ୍ଦ ସାବଲୀଳ। ତାଳ କେଉଁଠି ଉତ୍ତାଳ ତ ଲୟ ତନ୍ମୟ। ଛଳଛଳ ଛନ୍ଦରେ ଢଳଢଳ ପଦର ପଦ୍ମପରାଗ - ତମର ଏ ଅନୁସରିତ ଅନୁରାଗ। ଏ ଅନୁରାଗରେ ପୁଣି ଏତେ ଅନୁରଣିତ ଅନୁନୟର ଅନ୍ୱୟ !

''ଫେରିଯାଅ ତୁମେ, ଦୂର ଆକାଶର ପକ୍ଷୀ
ଜଗାଅନି ମାୟା - ମନର ମରୂଦ୍ୟାନେ
ମେଲାଣି ନେଇଛି ଫୁଲଶଯ୍ୟାର ରାତି
ଫଗୁଣର ଗୀତ ଶୁଣାଅନି ମୋର କାନେ।''

ରାଗ ବିଲମ୍ବିତ ଏ ଅସ୍ତରାଗର ଅଭିମାନ କେଉଁ ବିନିଦ୍ର ବେଦନାରେ, ଗୌର ? କେଉଁ ବୈଶାଖବାସର ବୈରାଗ୍ୟରେ ଚୌରପଞ୍ଚାଶିକାର ଏ ବିହ୍ୱଳଣୀୟ ବିରହ ? ବିରହକୁ ରହରହ କହୁଥିବା କବି ମିଳନକୁ କାହିଁକି କହୁଚି - ମିଳ ନା, ମିଳ ନା ! ଦେହ ସିନା ମିଳେନା, ମିଳେ ତ ମନ ! ଏ ନୁହେଁ କ'ଣ ଏକାନ୍ତ ମିଳନ ? ତମ ଗୀତିମୁଖର କବିତା ସବୁ ତ ଏପ୍ରକାର ଦେହାତୀତ ମିଳନବୋଧରେ ମୂର୍ଚ୍ଛନାମୟ:

''ଆହତ ମୁଁ ଗୋଟେ ଅକୁହା ଆତ୍ମା
ବୁଝିଛି ପ୍ରେମର
କି ପରିଣତି
ଶାଳଭଞ୍ଜିକା, ଏଇ ସମତଳେ
ତମେ ମୋ ସ୍ୱପ୍ନ-
ମୁଁ ତୁମ ସାଥୀ।''

ଶାଳଭଞ୍ଜିକା ବି ହୋଇପାରେ ତୁମର କାବ୍ୟନାୟିକା ? ତା'ହେଲେ କ'ଣ ପଥରରେ ଗଢ଼ାହୁଏ ପ୍ରେମ ? କୁହୁଡ଼ିରେ କୋଣାର୍କ ? କାକରରେ କାଳିଜାଈ ? ଦୁଃଖରେ ଦାରୁଚିନ ? ଲୁହରେ ଲବଙ୍ଗଦ୍ୱୀପ ? ରକ୍ତରେ ରସଶୃଙ୍ଗାର ?

ପ୍ରଶ୍ନ ପଚାରୁନି ଜମା। ଦୂରରେ ଥାଉ ସେ ଦ୍ୱିତୀୟାଯାମିନୀ କି ପରଖରେ ଥାଉ ପ୍ରିୟତମା। ସୁରରେ ଥାଉ ସୁରଧୁନୀ କି ତାନରେ ଥାଉ ସେ ତିଲୋତ୍ତମା। ପଚାରୁନି ଜମା। ରାଜେନ୍ଦ୍ର ପଣ୍ଡା ବି ବାରଣ କରନ୍ତି ପ୍ରଶ୍ନ ପଚାରିବା ପାଇଁ। କିଛିକିଛି ପ୍ରଶ୍ନକୁ କାଳେକାଳେ କବିର ପ୍ରାଣେ ଡର - ଧରା ପଡୁପଡୁ ଆଧୁନିକ କବିତା ବି କଅଁଳେଇ କହିପାରେ : ରକ୍ଷା କର !

ପ୍ରେମ ପ୍ରାଚୀନ ହେଉ କି କବିତା ଆଧୁନିକ, ସବୁଠି କବି ସେଇ ଦୁରୂହ ଦୁଃଖର ଦକ୍ଷିଣ ଦୁଆରୀ ପଡ଼ୋଶୀଟିଏ - ଯିଏ ନିଜ ସୁଖର ସୂର୍ଯ୍ୟାସ୍ତ ରଙ୍ଗରେ ଆଙ୍କୁଥାଏ ଅନାବନା ଅପରାହ୍ନ ଆଉ ଜହ୍ନ ଉଇଁଲାବେଳକୁ କଲମରୁ ଜନ୍ମାଉଥାଏ ରାତି ରଙ୍ଗର

କିଛି କଳାକଳା ଅର୍କ୍ଷିତ ଅକ୍ଷର! ଚାନ୍ଦିନୀ କେବେ ତାଙ୍କୁ ବାନ୍ଧିନି କି ଚିତ୍ରିଣୀ କେବେ ଚିହ୍ନିନି ତା' ପାଇଁ। ସେ କିନ୍ତୁ ଥା' ଦୁଃଖ ନାମକ ଦୁର୍ଲଭ ସୁଖରେ ତମାମ୍ ଜୀବନ ତଲାସୁଥାଏ ନିଜ ପଦ୍ମିନୀକୁ। ସେ ପଦ୍ମିନୀଟି ଦୁଃଖିନୀ। ତମ ପଦ୍ମିନୀ ପ୍ରିୟାକୁ ବି ଦେଖିହୁଏ ସେଇ ଦୁର୍ବୋଧ ଦୁଃଖର ଦୁସ୍ତରତା ମଧ୍ୟରେ-

''ବିରହୀ ଆଖିର ଲୁହଟୋପା ତୁମେ
ନୀଡ଼ବାହୁଡ଼ାର ଗୀତ
ପକ୍ଷୀଘରେ ମୋ ପୁଆଣୀ ପୁଣ୍ୟ
ଜଳେ ମୁଁ ଜର୍ଜରିତ!''
ଜଳ ତମେ, ଜଳ!

ଏକ ଅନ୍ତରଙ୍ଗ ଅଗ୍ରଜର ଏଇ ଅଭିଶପ୍ତ ଆଶୀର୍ବାଦ ତମକୁ ଦେଇଯାଉଚି ଅବଶେଷରେ ଗୌର, ସ୍ମରଣ କରାଇଦେଉଚି ତୁମକୁ ତୁମର ପ୍ରତିଶ୍ରୁତି ପ୍ରବଣ ଶେଷ ପଙ୍‌କ୍ତିଟି ମଧ୍ୟ-

''ପ୍ରୀତିର ପ୍ରତିମା ତୁମେ ପ୍ରିୟତମା, ତୁମେ ବରନାରୀ
ତୁମ ପାଇଁ ପୃଥିବୀକୁ ମୁଁ ଆସିବି ବାରମ୍ବାର ଫେରି।''

ଏବଂ ଫେରିଲା ପରେ ବି ପୁନରାୟ ଫିନିକସ୍ ପକ୍ଷୀ ପରି ଜଳ ତମେ, ଜଳ - ତୁମର ସେଇ ପ୍ରେମଜର୍ଜର ପୀତାଗ୍ନିରେ... ପୋଡ଼ାପରରେ ପୁନର୍ପ୍ରସ୍ତୁତ କର ପାଉଁଶର ପାଣ୍ଡୁଲିପି!

ଗିରିଜା କୁମାର ବଳୀୟାରସିଂହ

'ପାଉଁଶର ପାଣ୍ଡୁଲିପି'ର ନୂଆ ସଂସ୍କରଣ ଅବସରରେ

'ପାଉଁଶର ପାଣ୍ଡୁଲିପି'ର ଏଇ ଯେଉଁ ସଂସ୍କରଣଟି ଆପଣ ହାତରେ ଧରିଛନ୍ତି ତାହା ଏହାର ତୃତୀୟ ସଂସ୍କରଣ। ଏଇଟି ପ୍ରଥମେ ୨୦୧୦ରେ ବହି ଆକାରରେ ପ୍ରକାଶ ପାଇଥିଲା ଓ ତା'ପରେ ପୁଣି ସାତବର୍ଷ ପରେ। ବହି ଆକାରରେ କବିତାଗୁଡ଼ିକ ପ୍ରକାଶିତ ହେବା ଆଗରୁ ଏକ ପତ୍ରିକାରେ ଏହାର କିଛି କବିତା ପ୍ରକାଶ ପାଇଥିଲା।

'ପାଉଁଶର ପାଣ୍ଡୁଲିପି'ର କବିତାଗୁଡ଼ିକ ବହୁ ବର୍ଷ ତଳର। ମୋର ମନେପଡୁଛି, ଏହାର ପ୍ରଥମ କବିତାର ପ୍ରଥମ ପଦଟି ମୋ ମନକୁ ଆସିଥିଲା ଢେଙ୍କାନାଳରୁ ଅନୁଗୁଳ ଯିବା ରାସ୍ତାରେ। ରାସ୍ତା କଡ଼ର ଗୋଟେ ନାଁ ନଜଣା ଫୁଲ ଗଛକୁ ଦେଖି ମୁଁ ସେଇଠି ଗୁଣୁଗୁଣେଇଥିଲି- ବଗିଚାକୁ ତୁମେ ଯିବନି ଗୋ ସଖୀ ଫୁଲ ପଡ଼ିଯିବେ ଫିକା। ତା'ପରେ ମୋତେ ସମୁଦାୟ ପଚିଶଟି କବିତା ଲେଖିବା ପାଇଁ ପ୍ରାୟ ବର୍ଷେ କାଳ ଲାଗିଯାଇଥିବ। ଏଇଥିରୁ, କବିତା ଲେଖିବା କେଡ଼େ କଷ୍ଟ କାମ ତାହା ମୁଁ ଆଉ ଥରେ ଅନୁଭବ କରିଥିଲି।

ମୁଁ ଅତ୍ୟନ୍ତ ଆନନ୍ଦିତ ଯେ ଏ ବହିଟି ଅଜସ୍ର ପାଠକୀୟ ଆଦର ଲାଭ କରିଛି। ବିଶିଷ୍ଟ ଗାଳ୍ପିକା ହିରଣ୍ମୟୀ ମିଶ୍ର ଥରେ, ମୋର ଜନ୍ମଦିନ ଅବସରରେ ନିଜର ମଧୁର ସ୍ୱରରେ ଏହାର ଶେଷ କବିତାଟି ଆବୃତ୍ତି କରି ସାମାଜିକ ଗଣମାଧ୍ୟମରେ ପ୍ରସାରିତ

କରିଥିଲେ। ତେବେ ସର୍ବଶ୍ରେଷ୍ଠ ଅଭିନନ୍ଦନ ଆସିଥିଲା ଜଣେ ଅପରିଚିତ ପାଠକଙ୍କ ନିକଟରୁ ଏହାର ବହୁ ପୂର୍ବରୁ। ସେ ଲେଖିଥିଲେ, "କିଛିଦିନ ତଳେ ମୁଁ ବସ୍‌ଷ୍ଟାଣ୍ଡ୍‌କୁ ଯାଉଥିଲି। ବର୍ଷା ଉଠେଇଥାଏ। ମୋ ପାଦ ପାଖରେ ଉଡ଼ିଆସି ଖଣ୍ଡେ ଛପା କାଗଜ ଲାଗିଗଲା। ସେ କାଗଜ ଉପରେ ଧୂଳି ଓ ବର୍ଷାଟୋପାର ଚିହ୍ନ। ମୁଁ ଉଠେଇ ପଢ଼ିଲି, କବିତାଟିଏ ଛପାଯାଇଛି। କବିତାଟି ଏତେ ଭଲ ଲାଗିଲା ଯେ ଆପଣଙ୍କୁ ଚିଠି ନ ଦେଇ ରହିପାରିଲି ନାହିଁ।" ସେ ଯେଉଁ କାଗଜଖଣ୍ଡିକ କଥା କହୁଛନ୍ତି ତାହା ଥିଲା 'ସମ୍ବାଦ' ଖବରକାଗଜର ରବିବାର ପୃଷ୍ଠା। ତହିଁରେ ଏ ବହିର ଗୋଟିଏ କବିତା ଛାପାଯାଇଥିଲା ଓ ତା' ତଳେ ମୋର ଠିକଣା ଦିଆଯାଇଥିଲା। ପାଠକବନ୍ଧୁ ଜଣକ ପୁଣି ଲେଖିଥିଲେ, "କବିତାଟି ପଢ଼ିଲା ପରେ କାଗଜଖଣ୍ଡିକୁ ଫିଙ୍ଗିଦେବାକୁ ଇଚ୍ଛା ହେଲା ନାହିଁ। ଚଉଭାଙ୍ଗ କରି ରଖିଦେଲି।" ଆଜି ଏକଥା ଲେଖିଲାବେଳେ ମୁଁ ବାସ୍ତବିକ ରୋମାଞ୍ଚ ଅନୁଭବ କରୁଛି।

'ପାଉଁଶର ପାଣ୍ଡୁଲିପି'ର କବିତାଗୁଡ଼ିକ ପଢ଼ି ଏହାର ଏକ ଦୀର୍ଘ ମୁଖବନ୍ଧ ଲେଖିଦେଇଛନ୍ତି ବିଖ୍ୟାତ କବି ଶ୍ରୀ ଗିରିଜା କୁମାର ବଳୀୟାରସିଂହ। ତାଙ୍କ ମୁଖବନ୍ଧ ପଢ଼ିବା ବେଳେ ମୋତେ ଲାଗେ ଦେଉଳକୁ ବୋଧହୁଏ ମୁଖଶାଳା ବଳିଯାଇଛି। ସିଏ ସବୁଦିନ ସେମିତି। ଯାହାକୁ ଭଲପାଇବେ ତାକୁ ଶହେରୁ ଶହେ ଭଲପାଇବେ।

ସବାଶେଷରେ ମୁଁ 'ବ୍ଲାକ୍ ଇଗଲ୍ ବୁକ୍‌ସ'ର ପ୍ରକାଶକ ଶ୍ରୀ ସତ୍ୟ ପଟ୍ଟନାୟକଙ୍କୁ ଧନ୍ୟବାଦ ଜଣାଉଛି। ସେହିପରି ବହିଟିର ପ୍ରଚ୍ଛଦ ଲାଗି ଚିତ୍ରଶିଳ୍ପୀ ବନ୍ଧୁ ଶ୍ରୀ ତନୁଜ ମଲ୍ଲିକଙ୍କୁ ମୁଁ ମୋର କୃତଜ୍ଞତା ଜଣାଉଛି।

ଗୌରହରି ଦାସ
ଫେବ୍ରୁଆରି ୨୦୨୧

'ଅନୁଭବ'
୩୭୮ ବରମୁଣ୍ଡା ଗାଁ
ଭୁବନେଶ୍ୱର ୭୫୧ ୦୦୩
ଭାରତ

ନିଜକଥା

ବହୁ ବର୍ଷ ତଳେ ଲେଖାଯାଇଥିବା କିଛି କବିତାର ସଂକଳନ 'ପାଉଁଶର ପାଣ୍ଡୁଲିପି' ପ୍ରକାଶ ପାଉଥିବା ବେଳେ ମୁଁ ଏକାଧିକ କାରଣରୁ ଆତ୍ମ ସଚେତନ ହୋଇପଡୁଛି। ପ୍ରଥମ କାରଣ ହେଲା, ପ୍ରେମକୁ ନେଇ ପ୍ରଚୁର ଭଲ କବିତା ଥିବାବେଳେ ମୋର ଏ କଞ୍ଚା କବିତାଗୁଡ଼ିକର ପୁଣି ଏକ ସଂକଳନ ପ୍ରକାଶ ପାଇବା କ'ଣ ପ୍ରୟୋଜନ? ଦ୍ୱିତୀୟ କାରଣ ହେଲା, ଜଣେ ଗାଳ୍ପିକ ଓ ଔପନ୍ୟାସିକ ଭାବରେ ମୋତେ ଯେଉଁ କେତେ ଜଣ ଜାଣନ୍ତି, ସେମାନେ ଏ କବିତା ବହିକୁ ଦେଖିବା ପରେ ପ୍ରଶ୍ନ କରିବେ, ଇଏ ଗପ ଲେଖିବାବାଲା କବିତା ରାଜ୍ୟକୁ ଅନୁପ୍ରବେଶ କଲା କାହିଁକି? ତେବେ ମୋର ଏହି କବିତାମାନଙ୍କ ସଂପର୍କରେ ଗୋଟିଏ କଥା କହିବି ଯେ ଏଗୁଡ଼ିକୁ ମୁଁ ପରିଶ୍ରମ କରି କି ଭାବିଚିନ୍ତି ଲେଖିନାହିଁ, ଏଗୁଡ଼ିକ ଲେଖିହୋଇ ଯାଇଛି। ସମୁଦ୍ରର ଜୁଆର ବେଳାଭୂଇଁ ବାଲି ଉପରେ ଅଙ୍କାବଙ୍କା ରେଖା ଆଙ୍କିଦେଇ ଗଲା ପରି କିଛି ଅନ୍ୟମନସ୍କ ସଞ୍ଜ ମୋ ହାତରେ ଏମିତି କିଛି କବିତା ଲେଖେଇ ଦେଇ ଯାଇଥିଲା। ସେ କବିତା ଗୁଡ଼ିକ ହୁଏତ ପାଣ୍ଡୁଲିପି ରୂପରେ ରହି ରହି ଦିନେ ନଷ୍ଟ ହୋଇଯାଇଥାଆନ୍ତେ। ମାତ୍ର ଦିନେ 'ପକ୍ଷୀଘର'ର ସୁଯୋଗ୍ୟ ସମ୍ପାଦକ ବନୋଜ ଆସି ସେଗୁଡ଼ିକ ଏକରକମ ଛଡ଼େଇ ନେଇଗଲେ। ଆଜି ଯଦି ଏ କବିତାଗୁଡ଼ିକ 'ପାଉଁଶର ପାଣ୍ଡୁଲିପି' ଆକାରରେ ପ୍ରକାଶ ପାଉଥାଏ ତାହାର ସମସ୍ତ ଶ୍ରେୟ ତାଙ୍କର। ମୁଁ ଏଥିପାଇଁ ତାଙ୍କୁ

ଧନ୍ୟବାଦ ଜଣାଉଛି । ମୋର କବିତାଗୁଡ଼ିକ ପଢ଼ି ଆବଶ୍ୟକ ସ୍ଥଳେ ତାହାର ସମ୍ପାଦନା କରିବା ସହ ବହିଟିର ମୁଖବନ୍ଧ ଲେଖିଦେଇଥିବାରୁ ମୁଁ ବିଶିଷ୍ଟ କବି ତଥା ମୋର ପରମ ହିତୈଷୀ ଶ୍ରୀ ଗିରିଜା କୁମାର ବଳୀୟାରସିଂହଙ୍କୁ କୃତଜ୍ଞତା ଜଣାଉଛି । ସେହିପରି ବହିଟିର ଅଳଙ୍କରଣ ନିମନ୍ତେ ବିଶିଷ୍ଟ ଚିତ୍ରଶିଳ୍ପୀ ଅଧ୍ୟାପକ ବଳଦେବ ମହାରଥୀ ଏବଂ କବି କ୍ଷୀରୋଦ ପରିଡ଼ାଙ୍କ ସହଯୋଗ ଲାଗି ମୁଁ ସେମାନଙ୍କ ନିକଟରେ ମୋର ନମ୍ର କୃତଜ୍ଞତା ଜ୍ଞାପନ କରୁଛି ।

ଆଶା କରୁଛି, "ପାଉଁଶର ପାଣ୍ଡୁଲିପି" ପଢ଼ିବା ପରେ ସମୟ ନଷ୍ଟ ହେଲା ବୋଲି ଭାବି ଆପଣ ପଶ୍ଚାତ୍ତାପ କରିବେ ନାହିଁ ।

ଗୌରହରି ଦାସ

ଫେବୃଆରି ୨୦୧୦

"ଅନୁଭବ"
୩୭୮ ବରମୁଣ୍ଡା ଗାଁ
ଭୁବନେଶ୍ୱର ୭୫୧ ୦୦୩

"I love you without knowing how, or when, or from where. I love you simply, without problems or pride: I love you in this way because I do not know any other way of loving but this, in which there is no I or you, so intimate that your hand upon my chest is my hand, so intimate that when I fall asleep your eyes close."

Pablo Neruda
From 100 Love Sonnets
1971 Nobel Literature Prize Winner

॥ ଏକ ॥

ବଗିଚାକୁ ତୁମେ ଯିବନି ଗୋ ସଖୀ
ଫୁଲ ପଡ଼ିଯିବେ ଫିକା
ପ୍ରଦୀପ ପାଖରେ ବସିବନି କେବେ
ଲାଜେ ଲିଭିଯିବ ଶିଖା ।

ଦରିଆକୁ ଦୟା କରିବ ସଖୀ ହେ
କୂଳକୁ ନଯିବ ତାର
ତୁମ ଦୁଇ ଆଖି ଗଭୀରତା କଳି
ଲହରି ଭୁଲିବ ଧାର ।
ହସିବନି ସଖୀ ମୋତି ମେଳେ କେବେ
ଫାଟିଯିବ ତାର ଛାତି
ରୁଷିବନି କେବେ ତମ ରାଗ ଦେଖି
ହାରିଯିବ ଝାଞ୍ଜି ତାତି ।

ଘର ବାହାରକୁ ଆସିବନି ସଖୀ
ପଡ଼ିଥିଲା ବେଳେ ଜହ୍ନ
ତମ ରୂପ ଶୋଭା ଦେଖିଦେଲେ ନିଶ୍ଚେ
ମଉଳିବ ଶଶୀ ମନ ।

ଥିରି ଥିରି ବାଟ ଚାଲୁଥିବା ବେଳେ
ନ ଚାହିଁବ ଫେରିଫେରି
ବନହରିଣୀର ଗଉଁ ଭାଜିଯିବ
ସରମରେ ଯିବ ସରି ।

ଲୁହ ଢାଳିବନି ଦୁଃଖରେ ସଜନୀ
କାହାଲାଗି କାନ୍ଦି କାନ୍ଦି
ଅଦିନେ ଶ୍ରାବଣ ଆସିଲା କି ଭାବି
ଚାତକ ହୋଇବ ଧନ୍ଦି ।

ଚହଲା ନଈର ପାଣିକୁ ସଖୀ ହେ
ଚାହିଁବନି କୋଉ ଦିନ
ସେ ଚଞ୍ଚଳ ଆଖି ଚମକ ଛଟାରେ
ମନ ମାରିଦେବେ ମୀନ ।

ମଶାଣି ବାଟରେ ଯିବନି ଗୋ କେବେ
ଜଳୁଥିବ ଯଦି ଜୁଇ
ଅଙ୍ଗାର ତଳ ମଡ଼ା ମନ ତଳେ
କାମନା ଉଠିବ ଚେଇଁ ।

ରାତି ଲାଜେଇବ ଆଙ୍କିବ ଯଦି
ଆଖିରେ କଜଳରେଖା
ବଗିଚାକୁ ତୁମେ ଯିବନି ଗୋ ସଖୀ
ଫୁଲ ପଡ଼ିଯିବେ ଫିକା ।

॥ ଦୁଇ ॥

ଆଜି ମୁଁ ଉଜେଇଁ ଦେଲି
ତମ ସ୍ମୃତି, ତମ ପ୍ରେମ
ମୋ ଦୁଇ ଆଖିର ଲୁହ ଧାରେ
ରଖିଦେଲି ମନ, ଆତ୍ମା
ସ୍ୱପ୍ନ, ଇଚ୍ଛା, ଅଭିମାନ
ଲୋକାଚାର ନିକିତି ପଲାରେ।

ସୁଦୂରର ସାଥୀ ମୋର
ରୁହ ତୁମେ ଦୂରେ ଦୂରେ
ଚିରକାଳ ଅପହଞ୍ଚ ହୋଇ
ଦିନେ କିନ୍ତୁ ପହଞ୍ଚିବି
ତମ ନିଦ ନଅରରେ
ଛୋଟ ଗୋଟେ ମିଠା ସ୍ୱପ୍ନ ହୋଇ।

ସେଦିନ ଦେଖିବି ମୁଇଁ
ତୁମ ଦୁଇ ଆଖିଧାରେ
ଲୁହ କେତେ ମିଛ, କେତେ ସତ
ସେଦିନ ଶୁଣିବି ମୁଇଁ
ତୁମର ସେ ଓଠ ଫାଙ୍କୁ
ଯେତେ ମିଠା ନାନାବାୟା ଗୀତ।

ଦେଖିବି ରଖିଛ ତୁମେ
ତୁମ ଆଖିପତା ତଳେ
ନୀଳ ବିଷ କେମିତି ସାଇତି
ସାତତାଳ ପଙ୍କ ଆଉ
ସାତତାଳ ପାଣି ତଳେ
ଅସୁରୁଣୀ ଜୀବନର ଇତି ।

ଜାଣେ ତୁମେ ଆସିବନି
ଆଉ କେବେ ଏ ଗାଆଁକୁ
କୋଉଦିନ ଫେରିବନି ତୁମେ
ତଥାପି କାହିଁକି କିଏ
ଧୀରେ ଧୀରେ ମିଠା ସୁରେ
ଗୁମୁରେ ମୋ ମନ ମରୁଭୂମେ ।

ଦେଖାହେବ ତୁମ ସାଥେ
ବିତୁ ବରଂ ବହୁ ବର୍ଷ
ଶତାବ୍ଦ ବା ସହସ୍ରାବ୍ଦ ସରୁ
ଏ ପୃଥ୍ୱୀଠୁଁ ବହୁ ଦୂରେ
ଅଲୌକିକ ଅନ୍ତଃପୁରେ
ଚାହିଁଥିବ ପଣତ ଫାଙ୍କରୁ ।

ସେଦିନ ନଥିବ ବାଧା
କଟାକ୍ଷର କୋପ କିମ୍ବା
ଅହେତୁକ ଅହଙ୍କାର ପରି
ନିୟନ୍ତ୍ରିତ ନିୟମର
ନଥିବ ନିଷେଧନାମା
ନଥିବ ଗୋ କାନ୍ଥ କି ପାଚିରି ।

ଦୁଇ ଓଠ ମଝିରେ ଗୋ
ନଥିବ ସେଦିନ ସେଠି
ଶହ ଶହ ଯୋଜନ ଦୂରତା
ପ୍ରେମ ପାଇଁ ପରିଣାମ
ନହେବ ଗୋ ଦୀର୍ଘଶ୍ୱାସ
ଭିଜିବନି ଦୁଃଖୀ ଆଖିପତା ।

॥ ତିନି ॥

ଫୁଲଟିଏ ତୋଳିଥିଲି
ତୁମପାଇଁ ଉପହାର
ଗଲାଣି ସେ କେବେଠୁଁ ମଉଳି

ଦୀପଟିଏ ଜାଳିଥିଲି
ମୋ ମନର ଅଗଣାରେ
ଗଲାଣି ସେ କୋଉକାଳୁ ଜଳି

ଏବେ ଯାହା ଅବଶେଷ
ସ୍ମୃତି ସେ ଦୀପର ଧାସ
ମଉଳା ସେ ଫୁଲର ସୁବାସ

ବରାବର ଫେରିଆସି
ଚେତନାର ଚୌହଦିକୁ
କରିଯାଏ ମୋତେ ଉପହାସ ।

॥ ଚାରି ॥

ମୋ କବି ପ୍ରାଣର
ପ୍ରେରଣା ଗୋ ତୁମେ
ତୁମ ଜୀବନର ପ୍ରଳୟ ମୁଇଁ
ତୁମେ ଡୋଳିଧର ବଇଁଶୀର ସୁର
ମୁଁ ଆସେ ମରଣ ଶିଙ୍ଗା ବାଇ ।

ତୁମେ ମୋ ସଞ୍ଜ ସଳିତାର ଶିଖା
ତୁମ ଲାଗି ମୁଁ ଗୋ ମଶାଣି ଚିତା
ତୁମ ଡାଇରିର ଫିକା ଫର୍ଦ୍ଦ ମୁଁ
ତୁମେ ମୋ ମନର ପ୍ରିୟ କବିତା ।

ଗୋରାଗାଲେ ତୁମ କଳାଜାଇଟେ ମୁଁ
ଚୋରା ଚିଟାଉର ଚିରା ଠିକଣା
ତୁମେ କିନ୍ତୁ ମୋ କଟକୀ ସଂଜେ
ଟଗରଫୁଲର ଟିକି ଟିପଣା !

॥ ପାଞ୍ଚ ॥

ଅଜଣା ଚଢ଼େଇ କାହିଁକି ଆସିଲ ଉଡ଼ି
ଉଜୁଡ଼ା ଏ ମୋର ବଗିଚାକୁ ଆଜି କୁହ
ଚଇତ ମେଲାଣି ନେଲାଣି ଯେ କୋଇକାଳୁ
ଏଠି ଏବେ ଖାଲି କାଳବୈଶାଖୀ ବ୍ୟୂହ ।

ଅଧା ସ୍ୱପ୍ନର ବଉଳ ଗୋ ଜଳିପୋଡ଼ି
ଧୂଳିରେ ମିଶିଛି ଏଇ ମୋର ବଗିଚାରେ
ମାମୁଲି ମଉଳା ଫୁଲ ଯେଉଁପରି ସଢ଼େ
ଶୁଭ୍ର ଶୀତଳ ଇଚ୍ଛାର ଶବାଧାରେ ।

ନାହିଁ ଆଜି ଫଳ ଫୁଲ ନାହିଁ ନାହିଁ ମଧୁ
ନାହିଁ ପତ୍ରର ସଞ୍ଚିତ ସବୁଜିମା
ମଧୁମକ୍ଷୀର ଗୁଞ୍ଜନ ଶୁଭେ ନାହିଁ
ଚାରିଆଡ଼ ଖାଲି ଧୂ ଧୂ ଧୂସରିମା ।

ଅପରାହ୍ନର ଉଜୁଡ଼ା କ୍ଷେତ ମୋ ଆଗେ
କିଟିକିଟି କଳା ଭୟାବହ ଗୋଟେ ରାତି
ତମେ ଆଉ ମୁଁ – ଏ ପଥପ୍ରାନ୍ତ ଭାଗେ
କାୟା ସାଥେ ଛାୟା ପରି ପରିଚିତ ସାଥୀ ।

ଏ ବେଳେ କାହିଁକି ଆସିଲ ପ୍ରବାସୁ ଉଡ଼ି
ଶୁଣେଇଲ କିଆଁ ସକାଳର ଆଶାବରୀ
ଭଙ୍ଗୁର ମୋର ଭୀରୁ ଚେତନାରେ କିଆଁ
ଅୟୁତ କାମନା ଦେଉଅଛ ପୁଣି ଭରି ।

ଦେଖ ଦେଖ ମୋର ପାଦତଳେ ଫଟାମାଟି
ମଥା ଉର୍ଦ୍ଧ୍ୱରେ ଆକାଶ ବି ଅନୁଦାର
କିଏ ବା ବୁଝିବ ପ୍ରାଣର ବାର୍ତ୍ତା ଏଠି
ଅଶ୍ରୁରେ ଆହା - ଭିଜେ ଅଶ୍ରୁତ ସ୍ୱର ।

ଯାଏ ନାହିଁ କେହି ଆସେ ନାହିଁ କେହି ପରା
ଝଡ଼ ଥରଥର ଦରିଆ ମଝିର ଟାପୁ
ଏକଲା ମୁଁ ଏକ ଉଦାସ ଅପନ୍ତରା
ନିସ୍ତାର କାହିଁ ଅତୀତର ଅନୁତାପୁ ?

ଆହା ମୋ ଅତୀତ ଝରାପତ୍ରର ଶୋକ
ଭବିତବ୍ୟ ମୋ - କଇଁ କେନ୍ଦରା କୋହ
ଜଉଘର ଦାହ ଦହନ ବର୍ତ୍ତମାନ
ନାହିଁ କିଛି ନାହିଁ ନୀଳ ମୃଗୟାର ମୋହ !

ଫେରିଯାଅ ତୁମେ ଦୂର ଆକାଶର ପକ୍ଷୀ
ଜଗାଅନି ମାୟା ମନର ମରୂଦ୍ୟାନେ
ମେଲାଣି ନେଇଛି ଫୁଲଶଯ୍ୟାର ରାତି
ଫଗୁଣର ଗୀତ ଶୁଣାଅନି ମୋର କାନେ ।

ମୋ ଛାତି ଭିତରେ ଚିରକାଳ ରୁହ ବନ୍ଧୁ
ଚିରକାଳ ରୁହ ମଧୁର ସ୍ମୃତିଟେ ପରି
ଦୂର ଆକାଶର କୁନି ତାରାଟିଏ ହୋଇ
ଯେ ଯାଏ ଯାଇନି ଏଇ ଜଗତରୁ ଫେରି ।

ଉଜୁଡ଼ା କ୍ଷେତର ସ୍ମୃତି ନେଇ ଯାଅ ଉଡ଼ି
ଅଜଣା ଚଢ଼େଇ ବୁଝିବ ମୋ ମନକଥା
କହିଦେଲି ଯାହା ଥିଲା ମୋର କହିବାର
ଏତିକ ବନ୍ଧୁ ମନ ଗହୀରର ବ୍ୟଥା ।

॥ ଛଅ ॥

ମୂକ ମୁଖଶାଳା ମନାସେ ମୂର୍ତ୍ତି
କୋଣାରକର ସେ କୀରତିରାଜି
ସମୟ ଢେଉରେ
ଝୁରି ଝୁରି ଶେଷେ ଯାଇଛି ଭାଜି ସେ ଯାଇଛି ଭାଜି ।

ଶାଳଭଞ୍ଜିକା ପାଦରୁ ନିଭିଛି
ନୂପୁର ଛନ୍ଦ, ନୃତ୍ୟରାସ
ମଥା ମଥାମଣି କଟୀର ମେଖଳା
ଓଠଧାରୁ ମୃଦୁ ମଞ୍ଜୁ ହାସ ।

କଳରୋଳେ ଦିନେ ଭରିଥିଲା ଯାହା
ବିଜନତା ଆଜି ତା ଅବଶେଷ
ସ୍ୱପ୍ନ ହଜିଛି, କାହିଁ କଳ୍ପନା ?
ଅଛି ଅନ୍ତିମ ଦୀର୍ଘଶ୍ୱାସ ।

ଶାଳଭଞ୍ଜିକା ! ଆଖି ଖୋଲ ଥରେ
ଥରୁଟିଏ କୁହ ପ୍ରଣୟ ଗାଥା
ଜୀବନ ମୁରୁଛି ସ୍ୱପ୍ନ ଉଯେଇଁ
ଲୁହରେ ଧୋଇଛ ପ୍ରାଣର ବ୍ୟଥା ।

ଆକାଶ କୋଳରୁ ଝରି ପଡୁଅଛି
ଚୂନି ଚୂନି ରୂପା ଜୋଛନା ଧାର
ଚହଲି ଉଠୁଚି ଚୋରାବାଲିରେ କି
ଚନ୍ଦ୍ରଭାଗାର ଚନ୍ଦ୍ରହାର !

ପ୍ରତାରଣା କ'ଣ ଜାଣିନି ସେ ଯେଣୁ
ପ୍ରତ୍ୟୟ କଥା ବସିଛି କହି
ଶାଳଭଞ୍ଜିକା କହିଦିଅ ଥରେ
ଜୀବନ ନୁହେଁ ଗୋ ହସର ନଈ ।

ବୁଝିଥିଲ ତୁମେ, ବୁଝିଛି ମୁଇଁ ଗୋ
ଏଇ ମାଟିତଳେ ମଣିଷ ମୁହିଁ
ନିହାଣ ମୁନରେ ଶତ କ୍ଷତାକ୍ତ
ରୂପ ମୁଁ ଦେଖିଛି ଆଖି ପୂରେଇ ।

ଆହତ ମୁଁ ଗୋଟେ ଅକୁହା ଆତ୍ମା
ବୁଝିଛି ପ୍ରେମର କି ପରିଣତି
ଶାଳଭଞ୍ଜିକା, ଏଇ ସମତଳେ
ତମେ ମୋ ସ୍ୱପ୍ନ, ମୁଁ ତୁମ ସାଥୀ ।

॥ ସାତ ॥

ତୁମରି ଆଖିର ଚେନାଏ ଚମକ
ଚୋରେଇ ନେଲା ମୋ ନିଦ
ଚିରୁଡ଼ାଏ ଚୋରା ଚାହାଣି ପାଇଁ ଗୋ
ଆଦରିଲି ଅପବାଦ ।

ଚାରିଆଡ଼େ ମୋର ଚାଲିଚି ଚର୍ଚ୍ଚା
ମୁଁ ଗୋଟେ କଳଙ୍କିତ
ଖେଦ ନାହିଁ, ତୁମ ପ୍ରେମ କରିଅଛି
ମୋତେ ମହିମାନ୍ୱିତ ।

ସେ ପ୍ରେମ ଦେଇଛି ନୂଆ ପରିଚୟ
ନୂଆ ପ୍ରତ୍ୟୟ ମୋତେ
ଆକାଶ କୁସୁମ ଧରିବାର ଭାବ
ବକଟେ ବାମନ ହାତେ ।

ଗରବ କରୁଛି ତୁମ ପ୍ରେମ ପାଇଁ
ଗରଳ ପାରିବି ପିଇ
ନୀଳକଣ୍ଠର ନିୟତି ନେଇ ମୁଁ
ଜୀବନ ପାରିବି ଜିଇଁ !

ତୁମେ ପ୍ରଭାତର ପ୍ରିୟ ପ୍ରାର୍ଥନା
ସୋହାଗୀ ସଞ୍ଜତାରା
ତୁମେ ଫଗୁଣର ଫୁଲମତୀ ମୋର
ଶ୍ରାବଣୀ ବର୍ଷାଧାରା ।

ତମେ ବନ୍ୟାର କନ୍ୟାକୁମାରୀ
ଝଡ଼ର ଝୁମୁରୀ ଝର୍ଣ୍ଣା
ତୁମେ ପ୍ରଣୟର ପ୍ରଥମ ପୁଲକ
ଅଭିସାରିଣୀ ଗୋ ଅର୍ଣ୍ଣା !

ତୁମେ ଚଇତାଳି ମହୁ ମତୁଆଲୀ
ବୟସୀ ମୋ ବରହସ୍ତା
ଅମା ଅରଣ୍ୟେ ତୁମକୁ ମୁଁ ମଣେ
ବଣା ବାଟୋଇର ରାସ୍ତା ।

ବିରହୀ ଆଖିର ଲୁହଟୋପା ତୁମେ
ନୀଡ଼ ବାହୁଡ଼ାର ଗୀତ
ପକ୍ଷୀଘରେ ମୋ ପୁଆଣୀ ପୁଣ୍ୟ
ଜଳେ ମୁଁ ଜର୍ଜରିତ !

ଉପବାସିନୀ ମୋ ଉର୍ବଶୀ ତୁମେ
ପାରିବିନି କେବେ ଭୁଲି
ହୁଅ ପଛେ ତୁମେ ଆକାଶ କୁସୁମ
ପାଦତଳ ଚୋରାବାଲି ।

ବଡଠେ ଚାହାଣି ଜୀବନରେ ମୋର
ଦେଇଗଲା ଯୋଡ ଅର୍ଥ
ମଣୁଚି ତା' ବିନା ସାତଜନମ ମୋ
ସତରେ କିଭଳି ବ୍ୟର୍ଥ ।

ସାଦା କାଗଜ ମୁଁ ପଡ଼ିରହିଥିଲି
ଭରିଲ ଶବଦ ନୂଆ
ଚୋରେଇ ନେଇଛି ନିଦ ମୋ ଆଖିରୁ
ତୁମ ଛୁରିଅନା ଛୁଆଁ !

|| ଆଠ ||

ମିଶିଗଲା ପରେ ମଶାଣି ମାଟିରେ
ଏଇ ମୋର ମରଦେହ
ସରିଯିବ ଯେତେ ଯାମିନୀ ଯାତନା
ଯେତେ ଲୁହ ଯେତେ କୋହ ।

ଯେତେ ଅଭିମାନ ମାନ ଅପମାନ
ଅବଶେଷ ଅବସୋସ
ଏ ଦେହ ମନର କାମନା ବାସନା
ସବୁ ହେବ ଇତିହାସ ।

ଧୂଳି ହୋଇଯିବ ହାଡ଼ ମାଂସ ମୋ
ପାଉଁଶରେ ଯିବ ମିଶି
ବାଷ୍ପ ହୋଇ ମୋ ସ୍ୱେଦ ଓ ଶୋଣିତ
ପବନରେ ଯିବ ଭାସି ।

ଗଙ୍ଗଶିଉଳି ଗଛର ଡାଳରୁ
ଫୁଲ ଗଲା ପରି ଝରି
ହଜିଯିବି ଦିନେ ସ୍ମୃତିରୁ ତମର
ରାତିର ସ୍ୱପ୍ନ ପରି ।

ଲିଭା ସଳିତାର ଦୀପ କଥା କେବେ
କେହି ମନେ ରଖେନାହିଁ
ଦୂର ଗୋଲାପର ଦରଦ ମନରେ
ଆଣେ କି ଅଶ୍ୱାରୋହୀ ?

ସେଇପରି ତୁମେ ଦିନଟିଏ ପାଇଁ
ଶୁଣିନାହଁ ମୋର କଥା
ଚାହିନ ଥରଟେ ବୁଝିବାକୁ ଏଇ
ମରମ ତଳର ବ୍ୟଥା ।

ଜାଣିଛି ମୋ ପାଇଁ
ନିଗିଡ଼ିବ ନାହିଁ
ଆଖି କୋଣୁଁ ଟୋପେ ଲୁହ
ଉତୁରିବ ନାହିଁ ଛାତିତଳୁ ଅବା
ଚିରୁଡ଼େ ଉଷୁମ କୋହ ।

ତୁମେ ଚାଲିଯିବ ତୁମରି ବାଟରେ
ମଶାଣି ଏଡ଼େଇ ଦେଇ
ଲିଭା ସଳିତା ଓ ମଉଳା ଫୁଲକୁ
କିଏ ବା ଲୋଡ଼ିଛି କାହିଁ ?

ଯଦି କେଉଁଦିନ ଆସିବ ଗୋ ତୁମେ
ବାଟ ଭୁଲି କେତେବେଳେ
ଦେଖିବ ଶୋଇଛି ନିରବ ନିଦରେ
ଘାସର ଗାଲିଚା ତଳେ ।

ଜୀବନେ ଯାହାକୁ ଥରୁଟିଏ ତୁମେ
କେବେ ଗୋ ନଥିଲ ଝୁରି
ମରଣ ପରେ ବି ତୁମରି ସ୍ମୃତିକୁ
ପାରିନି ସିଏ ପାସୋରି ।

ତୁମରି ସ୍ମୃତିକୁ ଛାତିରେ ଜଡ଼େଇ
ଯାଇଛି ନିରବେ ଶୋଇ
ଜୀବନେ କାହିଁକି, ମରଣ ପରେ ଗୋ
ଭୁଲି ନାହିଁ, ଭୁଲି ନାହିଁ ।

॥ ନଅ ॥

ଭୁଲିଯିବା ପାଇଁ ଲେଖିଛ ସଖୀ ହେ ତୁମକୁ ମନୁ
କେମିତି ଭୁଲିବି ସେକଥା ଭାବୁଛି ପଢ଼ିବା ଦିନୁ
କହିଛ ତୁମକୁ ନଲେଖେ ଯେମିତି ଆଉ ଗୋ ଚିଠି
ତୁମ କଥା ଭାବି ନକରେ ଯେମିତି ଜୀବନ ମାଟି ।

କାଗଜ କଲମ ଧରି ବସିଲେ ମୁଁ ଦିଶ ଗୋ ତୁମେ
ତମ ମିଠା ସ୍ୱର ରହି ରହି ଶୁଭେ ମୋଅରି କାନେ
ଗାର ପଡ଼ିଯାଏ ଆପଣା ଛାଏଁ ଗୋ କାଗଜ ପରେ
ଚିଠି ପାଲଟଇ ଯାହା କିଛି ମୁହଁ ଲେଖି ବସିଲେ ।

ଆଖି ବୁଜିଦେଲେ ଅନ୍ଧକାରରେ ଦିଶ ଗୋ ତୁମେ
ଖୋଲିଦେଲେ ଆଖି ତୁମେ ଦିଶିଯାଅ ସାରା ଭୁବନେ
ଆକାଶେ ବତାସେ ମେଘ ବଉଦରେ ଦିଶୁଛ ତୁମେ
ତୁମ ସ୍ୱର ଶୁଭେ ଝରଣାର କୁଳୁ, ମୃଦୁ ପବନେ

ମାଟିଠୁଁ ଉପର ଆକାଶଠୁ ତଳ ସଖୀ ସତରେ
ତୁମେ ରହିଅଛ ସବୁଠି ଗୋ ପୂରି ଗଛ ପତରେ।
ତମେ ରହିଅଛ ଭିତରେ ଗୋ ମୋର ପୁଣି ବାହାରେ
ପ୍ରାଣର ପ୍ରତିମା ରହିଅଛ ମୋର ଦେହ ଦେଉଳେ

କିପରି ଭୁଲିବି ତୁମ କଥା ମାନି କୁହ ଗୋ ସଖୀ
ଫୁଲକୁ ସୁବାସ ଭୁଲିଯିବା ତୁମେ ଅଛ କି ଦେଖି ?
ଏ ମନେ ଜାଗିଛି ତୁମ ପାଇଁ ଯେଉଁ ମଧୁର ମାୟା
ରହିବ ମୋ ସାଥେ କାୟା ସାଥେ ରହେ ଯେମିତି ଛାୟା।

ଭୁଲିବିନି କେବେ ଭୁଲିପାରିବିନି ତୁମକୁ ସଖୀ
ଯେଯାଏଁ ରହିଛି ଆଉ କେଇଦିନ ଆୟୁଷ ବାକି।

|| ଦଶ ||

ପାଖେ ପାଖେ ମୋର ଚାଲୁଥିଲ ସିନା
ଛୁଇଁବାକୁ ଥିଲା ମନା
ଛୁଇଁଲେ କାଳେ ମୋ କାଚ ସଂସାର
କେଇ ପଲକରେ ଚୂନା।

ତୁମେ ରୁହ ମୋତେ
ଚାହିଁ, ମୁଁ ତୁମକୁ
ଦିନ ରାତି ଯାଏ ପାହି
ତୁମ ମୋ ମଝିରେ ସମୟ ଯେମିତି
ନିଦଭୁଲା ନୀଳ ନଈ।

ତୁମେ ପୁଣ୍ୟର ଚାରୁ ଦୀପଶିଖା
ମୁଁ ପାପର ଅଙ୍ଗାର
ସେ ଶିଖାକୁ ଚାହିଁ ଅନ୍ତର ମୋର
କରୁଥାଏ ହାହାକାର।
ତୁମେ ଅବଧାନୀ ଅଭିଧାନଟିଏ
ଶବ୍ଦ ମୁଁ ଅଧାଗଢ଼ା
ଭଲପାଇବାର ଭୂଗୋଳରେ ମୋର
କେହି ନାହାଁ ତୁମ ଛଡ଼ା।

ତୁମେ ମୁହାଣର ମଉଳା ଜ୍ୟୋତ୍ସ୍ନା
ମୁଁ ହଜିଲା ନଈଧାର
ଚାରିପଟେ ମୋର ଶୁଖିଲା ସପନ
ଧୂ ଧୂ ବାଲିଚର ।

ମୁଁ ତୁମ ଓଠର ଶେଷ ହସରେଖା
ତୁମେ ମୋ ପ୍ରଥମ ଲୁହ
ମୁଁ ତୁମ ମନର ଅଲୋଡ଼ା ଖିଆଲ
ତମେ ମୋର ଶେଷ କୋହ ।

ମରଣଠୁଁ ଦୂର ଜୀବନ ଯେତିକି
ସପନଠୁ ସଂସାର
ଆମର ସହଳ ଅଜ୍ଞାତବାସ
ଅଧା ଆହା ଅଭିସାର ।

ତମ ସହରଠୁ ମୋର ଏଇ ଗାଁ
ସଫା ସଫା ଦିଶେ ନାହିଁ
ତଥାପି ମୋ ମନ ଆଇନାରୁ ତମ
ମୁହଁ ହଜିଯାଏ କାହିଁ ?

ତମେ ମୋ ଆଖିର
ନାଳ କୁଜ୍‌ଝଟୀ
ସକାଳର ମିଠା ଖରା
ଯୋଗୀ କେନ୍ଦରା
କୃପଣ କଉଡ଼ି,
ପାହାନ୍ତିର କୁଆଁତାରା ।

॥ ଏଗାର ॥

ଦୁନିଆ ହାଟରେ ଏତେ ହସ ଥିଲା
ଲୁହ ନେଲ କିଆଁ କିଣି
ଫୁଲ ଛାଡ଼ି କିଆଁ କଣ୍ଟାକୁ ସଖୀ
ବାଛି ନେଲ ଜାଣି ଜାଣି।

ଆଗେ ପଡ଼ିଥିଲା ପୁଣ୍ୟର ପଥ
ଏଡ଼େଇ ଆସିଲ ଚାଲି
ବାଛିନେଇ ଏଇ କଳା କିଟି କିଟି
ପାପ ଅନ୍ଧାର ଗଳି।

ସପନର ଦେବୀ ବରିନେଲ କିଆଁ
ଯାତନାର ଅଭିଶାପ
ନିଜ ହାତେ ନିଜେ ଲିଭେଇ ଦେଲ ଗୋ
ସୁନାର କୁହୁକ ଦୀପ।

ଏ ପଥେ ରହିଛି ଅମା ଅନ୍ଧାର
ଶିଉଳି କଣ୍ଟା ଭରି
ଅପବାଦ ଆଉ ଅୟୁତ ନିନ୍ଦା
ଏକକୁ ଆରେକ ବଳି।

ଦେଖୁଥିବି ସିନା ତୁମରି ଆଖିରୁ
ଲୁହ ଯାଉଥିବ ଝରି
ଇଟା ପଥରର ଆଘାତେ ଖେଳିବ
ରକ୍ତର ପିଚକାରୀ।

ତମେ ଦିଶୁଥିବ ବିକଳ ଗୋଟିଏ
ପଥର ପ୍ରତିମା ପ୍ରାୟେ
ଜାଣି ଜାଣି କିଆଁ ବିପଦକୁ ତୁମେ
ବରିନେଲ ସଖୀ ହାଏ।

ତମ ପାଦେ ଥିବ ଲୁହା ଜଞ୍ଜିର
ହାତେ ପଡ଼ିଥିବ ବେଡ଼ି
ଧର୍ମର ଯେତେ ବଡ଼ପଣ୍ଡାଏ
ବସିଥିବେ ସେଠି ଘେରି।

ଆଘାତ ଉପରେ ଲୁଣ ଛାଟୁଥିବେ
କପଟ ମିତ୍ର ଯେତେ
ନିରିମାଖୀ ପରି ନିଜ ଆଖି ଲୁହ
ପୋଛୁଥିବ ନିଜ ହାତେ।

ଚାରିପଟେ ତମ ବତାସୀ ଘୂର୍ଣି
ପ୍ରଳୟର ଅଭିଶାପ
ତମ ପାଇଁ ନାହିଁ ଦୟା ମାୟା କ୍ଷମା
କରିଅଛ ମହାପାପ।

॥ ବାର ॥

ଭାବି ବସିଥାଏ ସବୁ କହିଦେବି
ତୁମ ସହ ଦେଖାହେଲେ
ଯେତେ ଯେତେ କଥା ଲୁଚେଇ ରଖିଛି
ଏଇ ମୋର ଛାତି ତଳେ ।

ହେଲେ ତୁମେ ଆସି ଚାଲିଯାଅ ସଖୀ
ଭସାମେଘଟିଏ ହୋଇ
ସବୁକଥା ଦୂରେ, ପଦେ କଥା କିଛି
ପାରେ ନାହିଁ ମୁହିଁ କହି ।

ତୁମେ ପାଖେ ଥିଲେ ଚଢ଼େଇ ଡେଣାରେ
ସମୟ ଯାଅଇ ଉଡ଼ି
ଚାଲିଗଲା ପରେ ଅଚଳ ପଥର
ପ୍ରାୟେ ରହେ ଏଠି ପଡ଼ି ।

ଜାଣେନି କାହିଁକି ତୁମକୁ ଦେଖିଲେ
ପାଲଟି ଯାଏ ମୁଁ ମୂକ
ତୁମେ ଗଲା ପରେ ତୁମ କଥା ଝୁରି
ହୁଏ ଖାଲି ବାବଦୁକ ।

ଚାରିପଟେ ଥାଏ ଶୂନ୍ୟତା ମୋର
କୁହୁଡ଼ି ପରି ଗୋ ଘେରି
ହେଲେ ତମେ ଆସି ଚାଲିଯାଅ ସଖୀ
ଅଧୁରା ସ୍ୱପ୍ନ ପରି ।

ଏକା ଏକା ବସି ନିଜକୁ ନିଜେ ମୁଁ
ଶୁଣାଏ ତମରି କଥା
ତୁମ କଥାଠାରୁ ଆହୁରି ଗଭୀର
ସଖୀ ତୁମ ନିରବତା ।

ମୁହଁର କଥାକୁ ବୁଝି ବସିଲେ ମୁଁ
ଆଖି ହିଁ ଅବୁଝା ଲାଗେ
ଆଖିର ଭାଷାକୁ ବୁଝି ବସିଥିଲେ
ମନତଳେ ଭ୍ରମ ଜାଗେ ।

କୁହୁଡ଼ି ବୋଲି ମୁଁ ଭାବି ବସିଲେ ଗୋ
ମେଘ ହୋଇ ଝରିଯାଅ
ଝରଣା ଭାବିଲେ ମରୀଚିକା ପରି
ଦୂରେ ଅପସରି ଯାଅ ।

ସତ ବୋଲି ସଖୀ ଭାବି ବସିଥିଲେ
ସପନରେ ହଜିଯାଅ
ସପନ ଭାବି ମୁଁ ଆଖି ମୁଦି ଦେଲେ
ପାଶେ ବସି ହସୁଥାଅ ।

ଆଖିର ଲୁହଠୁ ମାୟାମୟ ସଖୀ
ତୁମରି ଓଠର ହସ
ଚିରକାଳ ମୋର ବିଚାରବୋଧକୁ
କରିଅଛି ଉପହାସ ।

ତୁମେ ଚିରକାଳ ରହିଥିବ ସଖୀ
ଜଟିଳ ଗଣିତ ହୋଇ
କୋଉଦିନ ତୁମ ମନତଳ କଥା
ବୁଝି ମୁଁ ପାରିବି ନାହିଁ।

ଯେତେ ଭାବିଲେ ବି ଖୋଜି ପାଏନାହିଁ
ତୁମରି କଥାର ଖିଅ
ଆଶାର ବୋଇତ ଏକୂଳେ ମୁଁ ତୁମେ
ସେକୂଳେ ସାଧବ ଝିଅ !

॥ ତେର ॥

ତୁମପାଇଁ ସଖୀ ଅଲୋଡ଼ା ସେ ସ୍ମୃତି
ପୁରୁଣା ଦିନର ପ୍ରେମ
ମୋ ମନ ମନ୍ଦିରେ ସେ ସ୍ମୃତି ଟିକକ
ଶରଧାର ଶାଳଗ୍ରାମ।

ତମପାଇଁ ସଖୀ ମଲା ଶାମୁକାର
ଖୋଳପା ପରି ସେ ସ୍ମୃତି
ମୋ ପାଇଁ ସେ ସ୍ମୃତି ସାଇତା ଯେମିତି
ସାଗର ବୁକୁରେ ମୋତି।

ତମପାଇଁ ଯାହା ବେଳାଭୂଇଁ ପରେ
ଅଙ୍କାବଙ୍କା ଗୋଟେ ଗାର
ମୋ ପାଇଁ ଗୋ ତାହା କପାଳ ଲିଖନ
ବିଶ୍ୱାସର ବତିଘର।

ସୁଦୂର ଅନ୍ଧାର ପଥଧାରେ ପ୍ରିୟ
ପରିଚିତ ସଂଜ ଦୀପ
ଅଶାନ୍ତ, ଅତୃପ୍ତ ଊସର ଭୂଇଁରେ
କରୁଣାର ଶାନ୍ତି ସ୍ତୂପ ।

ସେଇ ସ୍ମୃତି ପାଇଁ ଜୀବନେ ପାଇଛି
ସଖୀ ଏଇ ପରିଣାମ
ତୁମପାଇଁ ତାହା ଅଲୋଡ଼ା, ମୋ ପାଇଁ
ସ୍ମରଣର ଶାଳଗ୍ରାମ ।

|| ଚଉଦ ||

କେତେଦିନ ହେଲା ଦେଖିନି ଗୋ ସଖୀ
ତୁମ ଆଖି, ତୁମ ମୁହଁ
ନିମିଷେ ଯେଉଁଠି ହସ ଖେଳୁଥିଲେ
ଆର ନିମିଷେକୁ ଲୁହ ।

ଅଭିମାନେ ରୁଷି ବସିଲେ ସେ ମୁହଁ
ପାଟଳ ପୂର୍ବାଷାଢ଼
ହସୁଥିଲେ ସଖୀ ସେ ମୁହଁ ତୁମର
ସତେ ଦରଫୁଟା କଢ଼ ।

ସେ ମୁହଁ ରାତିର ରଜନୀଗନ୍ଧା
ସକାଳ ସୂର୍ଯ୍ୟମୁଖୀ
ସୁନାନାକ ସିଏ ତିଳପୁଷ୍ପଟେ
ନୀଳ କଇଁ ତୁମ ଆଖି ।

ମନେପଡ଼େ ଯେବେ ତୁହାଇ ତୁହାଇ
ସେଇ ମୁହଁ ସେଇ ଆଖି
ନିରଞ୍ଜନାରୁ ଯମୁନାକୁ ଯିଏ
ତାପସକୁ ଆଣେ ଡାକି ।

ମାଗେନି ମୋକ୍ଷ ଚାହେନି ସ୍ୱର୍ଗ
ନିର୍ବାଣେ ନାହିଁ ମୋହ
ତୁମରି ଓଠରେ କହିଦିଅ ଥରେ
ସଖୀ ମୋତେ ଭଲ ପାଅ।

ଜୀବନ ହୋଇବ ଧନ୍ୟ ସଖୀ ଗୋ
ମରଣ ମଧୁରତର
ତୁମରି ଓଠର ସେ କଥା ପଦକ
ଗୁଣୁଥିବି ବାରବାର।

ଉଦାସ ଉଆଁସ ମନକୋଠରିରେ
ଆଶା ଦୀପ ଜାଳିଦିଅ
କେତେଦିନ ହେଲା ଦେଖିନି ଗୋ ସଖୀ,
ତୁମ ଆଖି, ତୁମ ମୁହଁ।

॥ ପନ୍ଦର ॥

ତାରା ତୋଳିବାକୁ ବାହାରିଥିଲି ମୁଁ
ଆଶାର ଚାଙ୍ଗୁଡ଼ି ଧରି
ସୋଲ ନାଆ ନେଇ ଆସିଥିଲି ସଖୀ
ହେବାକୁ ଦରିଆ ପାରି ।
ଦଶା ଦେଖ ମୋର ସଖୀ,
ମନ ଦେଇ ତୁମେ ଭୋଗୁଛ ଏତିକି, ହୃଦୟ ଦେଇଛି ବିକି ।

ଝରାପତରର ପାଉଁଶ ଭିତରୁ
ଫୁଲ ଖୋଜୁଥିଲି ଆସି
ନଈରେ ହଜେଇ ଅଣ୍ଟିର କଉଡ଼ି
ପୋଖରୀରେ ଖୋଜେ ବସି
ଦଶା ଦେଖ ମୋର ସଖୀ,
ହସିବା କଥା ମୁଁ ଭୁଲି ସାରିଥିଲି, ଲୁହ ନାହିଁ ଆଉ ବାକି ।

ଉଆଁସ ରାତିର ଆକାଶ କୋଳରୁ
ଖୋଜୁଥିଲି ମୁହିଁ ଜହ୍ନ
ଅଚିହ୍ନା ସାଥୀର ପଣତ କାନିରେ
ବାନ୍ଧି ଦେଇଥିଲି ମନ
ଦଶା ଦେଖ ମୋର ସଖୀ
ମନ ଦେଇ ତୁମେ ଭୋଗୁଛ ଏତିକି ହୃଦୟ ଦେଇଛି ବିକି ।

ଫୁଲ ତୋଳି ଆସି କଣ୍ଟାର ଆଘାତେ
ଲହୁ ଲୁହାଣ ମୁଁ ହେଲି
ଭଲ ପାଇଥିଲି ଜଣକୁ ଜୀବନେ
ସେ ବି ଶେଷେ ଗଲା ଭୁଲି ।
ଦଶା ଦେଖ ମୋର ସଖୀ,
ସପନ ଦେଖିବା କଥା ପଚାରୁଛ ନିଦ ଭୁଲିଛି ମୋ ଆଖି ।

॥ ଷୋହଳ ॥

ଅଦିନ ପବନ ଯେବେ ଗୁଡ଼ି ପରି ନିଏ ମୋତେ
ଏଣେ ତେଣେ ଉଡ଼େଇ,
ମନ ହୁଏ ହୁଅନ୍ତି ମୁଁ ତମ ଗାଁ ତୋଟାମାଳେ
ଟିକି ଏକ ଚଢ଼େଇ।

ତମେ ଯେବେ ଚାଲୁଥାନ୍ତ ତମ ଗାଁ ସଡ଼କରେ
ଗଛଲଟା ଆଢ଼େଇ,
ତମ ଆଗେ ଆଗେ ମୁହିଁ ଡେଣା ଝାଡ଼ିଝାଡ଼ି, ବାଟ
ନିଅନ୍ତି ଗୋ କଢ଼େଇ।

ନିରିଜନ ନଈକୂଳେ ଝଙ୍କା କେଉଁ ଗଛ ତଳେ
ତମେ ଯେବେ ବସନ୍ତ,
ମୁଁ ଗାଆନ୍ତି ଗୀତଟିଏ ବାଛି ବାଛି ମିଠା ସୁରେ
କାନ ଡେରି ଶୁଣନ୍ତ।

ନଈ କଡ଼ ତଳମାଳେ ପଳାଶର ଡାଳେ ଡାଳେ
ଅଗିଜଳା ଦେଖନ୍ତ,
ମଉଳା ମନର ସାଧ ଅଭିମାନ ଅବସାଦ
ବୁଝନ୍ତ କି ଏକାନ୍ତ।

ନଈ ଆରପଟୁ ଆସି ଚଇତାଳି ନେଇଯାନ୍ତା
କେଶବାସ ଉଡ଼େଇ,
ଏଣେ ତେଣେ ଚାହିଁ ତୁମେ ତୁମ ପଣତରେ ମତେ
ଧରନ୍ତ ଗୋ ଜଡ଼େଇ।

ତମ ଦେହ ଦେଉଳର ଅଳିନ୍ଦ ଓ ନିଳୟରେ
ମହକନ୍ତା ମଳୟ,
ତମେ ଡେଇଁ ଆସୁଥାନ୍ତ ଅନ୍ଧାରି ମନ ଡିଆରି
ପାପ ପୁଣ୍ୟ ବଳୟ।

ଆଉ ଗୋଟେ ଗୀତ ଗାଇ ବରଣମାଳକୁ ବେକ
ଦିଅନ୍ତି ମୁଁ ବଢ଼େଇ,
ମନହୁଏ ହୁଅନ୍ତି ମୁଁ ତମ ଗାଁ ତୋଟାମାଳେ
ଟିକି ଏକ ଚଢ଼େଇ।

।। ସତର ।।

ଲିଭିଯିବା ଯଦି ଶେଷସତ ସଖୀ
ଜଳିବାରେ କି' ବା ଲାଭ ?
ଟିକିଏ ଉଷୁମ ଆଦର ପାଇଁକି
ମନରେ କାହିଁକି ଲୋଭ !

ସଳିତା ଜାଣଇ ଜଳି ଜଳି ଶେଷେ
ଦିନେ ଯିବ ସିଏ ଲିଭି
ଚିର ଅନ୍ଧାରେ ଲୁଚିଯିବ ଚାରୁ
ଚଞ୍ଚଳ ତା'ର ଛବି ।

ଶୀତଳ ପବନ ପୋଛିଦେବ ତା'ର
ଉଷୁମ ଧୂଆଁର ସ୍ମୃତି
ଗତକାଲି ପରି ଆଗାମୀ କାଲି ବି
ଘେରିଥିବ କଳାରାତି ।

ହାରିଯିବା ଯଦି ଶେଷ ସତ ସଖୀ
ଯୁଝିବାରେ କି' ବା ଲାଭ
ଲହୁଲୁହ ଢାଳି ଗୋଟେଇବି କିଆଁ
ପରାଜୟ ଅନୁଭବ ?

ଝରିଯିବା ଯହିଁ ଶେଷକଥା ସଖୀ
ଫୁଟିବାରେ କି' ବା ଲାଭ
ଅଢ଼େଇ ଦିନର ଜୀବନ ଶେଷରେ
ମରଣର ପରାଭବ ।

ଅନୁତାପ ଯହିଁ ଶେଷକଥା ସଖୀ
ଶେଷ ସତ ଅବସୋସ
ଜୀବନ ସପନ ହରଣରେ ଯଦି
ଭାଗଶେଷ ହାହୁତାଶ ।

ଝୁରି ଝୁରି ଝରିଯିବାରେ ଯାହାର
ଜୀବନର ପରିଭାଷା
କାହିଁକି ତା' ମନେ ଅଦିନେ ଜଗାଅ
ଆକାଶ କୁସୁମ ଆଶା ।

ଅନ୍ଧାର ଯହିଁ ଶେଷତମ ସତ
ଜଳିବାରେ କି' ବା ଲାଭ
ଟିକିଏ ଆଲୁଅ ଚେନାଏ ଆଦର
ପାଇଁ କିଆଁ ଏତେ ଲୋଭ ।

॥ ଅଠର ॥

କୃଷ୍ଣପକ୍ଷର ଚନ୍ଦ୍ରମା ମୁଁ ଗୋ ଦିନୁ ଦିନଯାଏ ସରି
ଉଆଁସ ରାତିର ଅନ୍ଧାର ମୋତେ ଆସେ ଧୀରେ ଧୀରେ ଘେରି
ବୁଝିବ କେ ମୋର ମନ
ଏକାକୀ ମୁଁ ଯିବି ଛାତିରେ ଛପେଇ ଯେତେ ଯାତନାର ଚିହ୍ନ।

ଗଭୀର ରାତିରେ ପଢ଼ିବସେ ଯେବେ ନିଜେ ନିଜ ଇତିହାସ
ମୋ ଏକଲାପଣ ରହି ରହି କରେ ମୋତେ ଖାଲି ଉପହାସ
ରାତି ଯାଉଥାଏ ସରି,
ଲୁହ ଢାଳେ ମୁହିଁ ନୀଳ ନିରିଜନେ ପୂନେଇଁକୁ ଝୁରି ଝୁରି।

ପାହାଡ଼ ଝରଣା ଦୂର ଶାଳବଣ ସଭିଏଁ ପଡ଼ିଲେ ଶୋଇ
ପାହାନ୍ତି ପବନ ଧୀରେ ଆଣୁଥାଏ ସପନର ତରୀ ବାହି
ଶୋଇଥାଏ ନୀଳ କଇଁ
ଅଲୋଡ଼ା ଅତିଥି ବାଟେ ବାଟେ ଯାଏ ଲୋଡ଼େ ନାହିଁ ମୋତେ କେହି।

ଝରି ଝରି ଯାଏ ଜୀବନ ଜୋଛନା ମନ ଯାଏ ମରି ମରି,
ତାରାଏ ଚାହାନ୍ତି ଫେରି ଫେରି ମୋତେ ଅବୁଝା ଭଗାରି ପରି
ବୁଝନ୍ତି ନାହିଁ ମୋ ମନ
ଏକା ଯାଉଥାଏ ଛାତିରେ ଛପେଇ ଯେତେ ଯାତନାର ଚିହ୍ନ।

॥ ଊଣେଇଶ ॥

ଲୁହଠୁ ଅବୁଝା ତୁମ ଅଭିମାନ, ତହୁଁ ବଳି
ଅବୁଝା ତୁମର ଦୁଇ ଆଖି
କେବେ ଗୋ ଆଷାଢ଼ ପୁଣି କେବେ ଗୋ ଧାରାଶ୍ରାବଣ
ଓହ୍ଲାଇ ଆସଇ ତହିଁ ସଖୀ ।

ସେ ଆଖିରେ ଦେଖେ ମୁହିଁ
ଜହ୍ନର ରୋଷଣି କେବେ
କେବେ ଗୋ ତାରାର ଲୁଚକାଳି ।
ସେ ଆଖି ଜାଣେ କିମିଆଁ
ପଲକେ ଲଗାଏ ନିଆଁ
ମୋର ଅଭିମାନ ଦିଏ ଜାଳି

ସେ ଆଖି ଆଣଇ ପୁଣି ଡାକି ।
କୂଳ ଉଛୁଳେଇ ବନ୍ୟା ପ୍ରଣୟର ନଈ ଧାରେ
ପ୍ରଳୟର କାଳ ବଇଶାଖୀ ।

ସେ ଆଖି ନିଭେଇ ଦିଏ
ଭଙ୍ଗା ସପନର ଦୁଃଖ
ଯୋଡ଼ିଦିଏ ନୂଆ ପରିଚୟ
ଭାଙ୍ଗିବାର ଦୁଃଖ ଦିଏ ଭୁଲେଇ କେବେ ମନରୁ
ଲେଖିଦେଇ ଗଢ଼ିବା ଅଧ୍ୟାୟ ।

ମରଣୁ ଫେରେଇ ଆଣେ ଡାକି
ମମତାଠୁ ମିଠା ସେଇ, ହୃଦୟଠୁ ଅନ୍ତରଙ୍ଗ
ନିଃଶ୍ୱାସଠୁଁ ବିଶ୍ୱାସୀ ଗୋ ସଖୀ ।

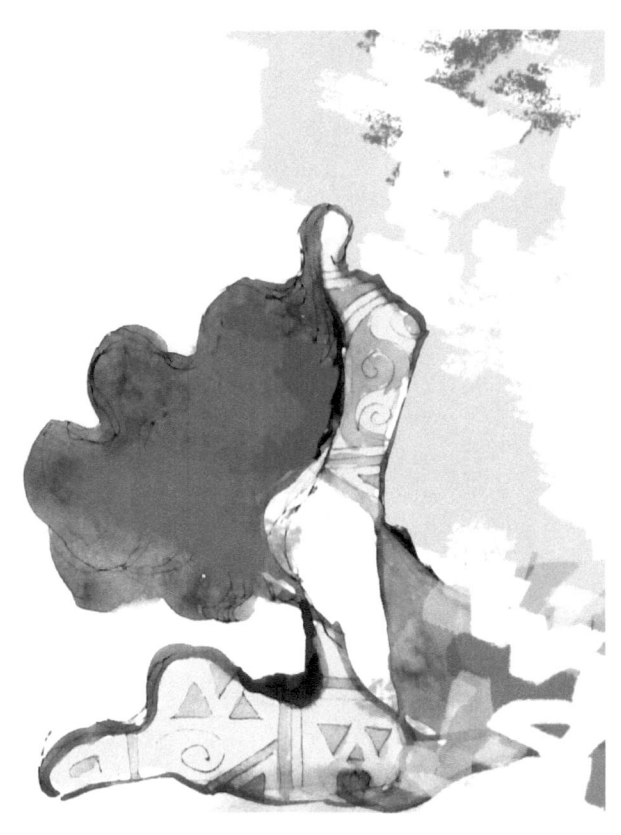

॥ କୋଡ଼ିଏ ॥

ତୁମରି ପ୍ରେମର ପାପୁଲିରେ ମୋତେ
ରଙ୍ଗେଇ ଦିଅ ସଖୀ
ଚୋରା ଚଇତିରୁ ଚେନାଏ ଦିଅ ଗୋ
ଚେତନାରେ ମୋର ମାଖି ।

ତୁମରି ସ୍ନେହର ଚନ୍ଦନ ମୋର
ଦେହ ସାରା ଦିଅ ବୋଳି
ହୃଦୟେ ମୋଅର ନବପଲ୍ଲବ
ପୁଲକ ଯାଉ ଗୋ ଖେଳି ।

ଚାନ୍ଦର ଚୂନି ଫଗୁଣର ଫଗୁ
ରାଗର ରାଗିଣୀ ପରି
ତୁମରି ପ୍ରଣୟ ଜୀବନରେ ମମ
ପୂର୍ଣତା ଦେଉ ଭରି ।

ତୁମରି ଆଖିରେ ଦେଖିନିଏ ଥରେ
ଜୀବନର ମହାରାସ
ପଲକପାତରେ ପଢ଼ିନିଏ ସଖୀ
ପ୍ରଣୟର ମହାଭାଷ ।

ଅନ୍ତରେ ମୋର ଭରିଦିଅ ସଖୀ
କୋଇଲିର କୁହୁ ସ୍ୱର
ମମତାର ଭାଷା ଶୁଣାଅ ଗୋ ସଖୀ
ଶ୍ରବଣରେ ବାରବାର ।

ତୁମେ ଛୁଇଁଯାଅ ମନକୁ ମୋଅର
ଧୀରେ ଫୁଲ ଛୁଆଁ ପରି
ସେ ପରଶ ଦେଉ ସୁରଭିତ ପ୍ରାଣେ
ପୂଜା ଧୂପ ଧୂଆଁ ଭରି ।

ତମ ପାପୁଲିର ବକ୍ରରେଖାରେ
ଲେଖା ମୋ ଭାଗ୍ୟଲିପି
ରେଖା ନୁହେଁ ସଖୀ ଛପି ଅଛି ତହିଁ
ସପନର ଶିଳାଲିପି ।

ମୋ କପାଳେ ତୁମ ଓଠ ଲେଖିଦଉ
ଜୀବନର ଜୟଟୀକା
ଧୂଳି ଧୂସରିତ ଗ୍ରାମପଥେ ଜାଳି
ପ୍ରୀତି ଆଲୋକର ଶିଖା ।

॥ ଏକୋଇଶ ॥

ଭୁଲିଯାଅ ବୋଲି କହିଦେଲେ ଯଦି
ହେଉଥାନ୍ତା ସବୁ ଭୁଲି
ଆଜିଯାଏ ସଖୀ ସ୍ମୃତିକୁ ଆମର
ପାରିନ ଗୋ କିଆଁ ଭୁଲି ?

ମନେ ରଖିବାଠୁ ଭୁଲିବାରେ ସଖୀ
ଯାତନା ଅନେକ ବେଶି
ଭୁଲିବାର ଶ୍ରମ ଅବସାଦେ ଫେରେ
ମୂଳ ସାଥେ ସୁଧ ମିଶି ।

ଜାଣିଛି ଜୀବନେ ତୁମରି ପ୍ରଣୟ
ଜମି ନୁହେଁ, ଚୋରାବାଲି
ତଥାପି ଜାଣେନି ତୁମକୁ ଗୋ ସଖୀ
ପାରୁନାହିଁ କିଆଁ ଭୁଲି ।

ଦୂର ଆକାଶର ମେଘତଳୁ ଯେବେ
ଜହ୍ନ ଚାହେଁ ଉଙ୍କିମାରି
ସେ ଜୋଛନା ଲାଗେ ଖରା ଧାସପରି
ଅତୀତକୁ ଝୁରି ଝୁରି ।

ତମ ଯିବା ପଥେ ଦିଶିଯାଏ ଯେବେ
ଅନାବନା ବଣ ଫୁଲ
ଝଡ଼ପରି ତମ ସ୍ମୃତି ଫେରିଆସେ
କରିଦିଏ କଲବଲ ।

ଗଛରେ, ଡାଳରେ, ଫୁଲ ପତରରେ
ଦିଶିଯାଏ ତୁମ ମୁହଁ
ପବନରେ ସତେ ଫେରିଆସି ତୁମେ
ଧୀରେ ମୋତେ ଛୁଇଁଯାଅ ।

ଲୁହରେ ପଖଳା ତୁମ ମୁହଁ ପରି
ଆଷାଢ଼ ଆକାଶ ଦିଶେ
ତୁମେ ହସି ଦେଲେ
ଲୁହ ପୋଛିଦେଇ ସେ ଆକାଶ ପୁଣି ହସେ ।

ଝରି ପଡୁଥାଏ ସୋରି ସୋରି ଖରା
ଉଡୁଥାଏ ପ୍ରଜାପତି
ତୁମେ ଘେନୁଥାଅ ମନ ଘେନି ରୂପ
ସଖୀ ଆଗୋ ଇଚ୍ଛାମତୀ ।

ପାଣିକୁ ଚାହିଁଲେ ଦିଶେ ତୁମ ଛାଇ
ଆଲୁଅରେ ତୁମ ଛାୟା
ତୁମେ ପୂରିଅଛ ଭିତରେ ବାହାରେ
ସବୁଠି ଯେ ତମ ମାୟା ।

ପାରିବ ଯଦି ଗୋ ସଖୀ ତୁମେ ଯାଅ
ଆମରି ସ୍ମୃତିକୁ ଭୁଲି
ଭୁଲିଯାଅ ବୋଲି କହିଦେଲେ କିନ୍ତୁ
କିଛି ହୁଏ ନାହିଁ ଭୁଲି ।

।। ବାଇଶ ।।

ସଞ୍ଜ ଆସିଛି କୋଟି ତାରାଫୁଲେ ଅଞ୍ଜଳି ତା'ର ଭରି
ଜହ୍ନ ଚାହିଁଛି ତୁମରି ପଥକୁ ଜୋଛନା ଅର୍ଘ୍ୟ ଧରି
ସମୟ ହୋଇଛି ଠିଆ
ମାଟି ବିଛେଇଛି ଘାସର ଗାଲିଚା, ଚଉଦିନ ଚାନ୍ଦୁଆ।

ମଧୁ ମାଳତୀର ହାତେ ଫୁଲତୋଡ଼ା ବଉଳ ବରଣ ମାଳ
ନିଦ ବିଛଣାରୁ ଉଠିଆସି କେବେ ଚାହିଁଯାଏ ଶତଦଳ
ସବୁ ଲାଗେ ନୂଆ ନୂଆ
ସଖୀମେଳେ ସୁନା ସବାରିରୁ ଆସି ସପନ ହୋଇଛି ଠିଆ।

ଶିଶିର ଶିଶିରେ ଭରି ଆଣିଅଛି ଅତର ଯୋଜନଗନ୍ଧା
ଚନ୍ଦନ ଟିପା ନାଇଦେବ ଚାରୁ କପାଳେ ରଜନୀଗନ୍ଧା
ପଥଶ୍ରମ ନେବ ହରି
ସଞ୍ଜ ପହରୁ ମଳୟ ଆସିଛି କୁହୁକ ଚାମର ଧରି।

ନଦୀ ବସେଇଛି ଶୁଭ କଳସ ଗୋ ତୁମରି ଆସିବା ପଥେ
ପାଦ ଧୋଇଦେବ ଝରଣା ତୁମର ସରାଗେ ନିଜର ହାତେ
ତୁମେ ଆସୁଅଛ ବୋଲି
ସକାଳୁ ବରଷା ପୋଛି ନେଇଅଛି ସଡ଼କରୁ ଧୂଳି ବାଲି।

ନବ କିଶଳୟ ବିଛଣା ପାରିଛି ତୁମ ମିଠା ନିଦ ପାଇଁ
ଗୀତ ଗାଉଥିଲା ଭାଟ ସାଜି ପିକ ଦିନ ସାରା ଧାଇଁ ଧାଇଁ
ତୁମେ ତ ଆସିବ ବୋଲି
ମହୁଠାରୁ ମତେ ମିଠା ଲାଗୁଅଛି ମହୁରୀ ବି ଆଜିକାଲି।

॥ ତେଇଶ ॥

ଚନ୍ଦ୍ରମା ସାଥେ ଆସିଥିଲ ସଖୀ ତାରା ମେଳେ ଗଲ ଫେରି
ଝରା ଶେଫାଳିର ଶୋକ ଦିବସରେ ସ୍ମୃତି ତମ ଦେଇ ଭରି ।

ଭରିଦେଇଗଲ ଶୂନ୍ୟତା ସଖୀ ମନ ଆକାଶର କୋଳେ
ତତଲା ଦି'ଟୋପା ଲୁହ ଉପହାର ଦେଇଗଲ ଆଖି କୂଳେ
କାକର ସାଥିରେ ଆସିଥିଲ ସଖୀ କୁହୁଡ଼ିରେ ଗଲ ଚାଲି
ମନ ଅଗଣାରେ ଶରଧାର କୁନି ଦୀପଟିଏ ଦେଇ ଜାଳି ।

ଆଜି ଯେତେବେଳେ ହାଲୁକା ପବନ ଏଇବାଟେ ଯାଏ ବୋହି
ଦରଆଉଜା ମୋ ଦରଜା ସେପାଖେ ଡାକେ ଅବା ରହି ରହି
ତମ ନାଁ ଶୁଣେ ପବନ ଓଠରେ ସ୍ମୃତି ସବୁ ମନେପଡ଼େ
ମମତା ମହୁଲ ଶାଖାରୁ ସତେ କି ଫୁଲ ଗୋଟି ଗୋଟି ଝଡ଼େ ।

ତମେ ଯେଉଁବାଟେ ଯାଇଥିବ ସଖୀ ଆଖି ସେ ଦିଗରେ ଚାହେଁ
ମୁହାଣ ମୁହଁରେ ମିଶିଯିବା ଲାଗି ନଈଟି ଯେପରି ଧାଏଁ ।

ତମ ସ୍ୱପ୍ନର ସହର ବାହାରେ ମନ ମୋର ମଫସଲ
ଚନ୍ଦ୍ରମା ସାଥେ ଆସିଥିଲ ସଖୀ ତାରାମେଳେ ଫେରିଗଲ ।

॥ ଚବିଶ ॥

ସଞ୍ଜବତି ମୁଁ ଅନ୍ଧାରେ ଜଳେ
ଆଲୋକେ ଲୋଡ଼େନି କେହି
ତମେ ଆଗୋ ସଖୀ ନ ଲୋଡ଼ିଲ ଯଦି
ଦୁଃଖ ମୋ' ତିଳେ ନାଇଁ।

କେବେ ଅନ୍ଧାରେ ଆଣିଥିବି ଯଦି
ଧାରେ ମୁଁ ଆଶାର ରେଖା
ଜାଳିଥିବି ଯଦି ମନ ଅଗଣାରେ
ଥରୁଟେ ସପନ ଶିଖା।

ସେଇ ମୋ ଗରବ ସେଇ ଗଉରବ
ଅବସୋସ କିଛି ନାହିଁ
ଜୀବନଟା ଯାକ ଜଳିଲି ଯଦି ବା
ତିଳ ତିଳ ହୋଇ ମୁହିଁ।

ପଥ ଭୁଲି କେବେ ଆସ ଯଦି ସଖୀ
ସ୍ମୃତିର ସାରଥି ସାଜି
ତମରି ହାତରେ ସରାଗରେ ଥରେ
ସଳିତା ଗୋ ଦେବ ତେଜି ।

ଜଳି ମୁଁ ଉଠିବି ନିଭିଯିବା ଆଗୁଁ
ସେଇ ଶେଷଥର ପାଇଁ
ସଞ୍ଜବତି ମୁଁ ଅନ୍ଧାରେ ଜଳେ
ଆଲୋକେ ଲୋଡ଼େନି କେହି ।

॥ ପଚିଶ ॥

ମୁଁ ଫେରିବି ପୃଥିବୀକୁ ଥରେ ନୁହେଁ ଆଉ ଲକ୍ଷେ ଥର
ଲକ୍ଷେଥର ଆସିବି ମୁଁ ନେଉଥିବି ରୂପ ରୂପାନ୍ତର
ପରିଶୋଧ କରିବାକୁ ତୁମ ଋଣ, ସିନିହ, ଆଦର
ପଣ କରୁଅଛି ସଖୀ ମୁଁ ଫେରିବି ନିଶ୍ଚେ ଲକ୍ଷେବାର।

ଫୁଲ ହୋଇ ମୁଁ ଫୁଟିବି ଏ ମାଟିର ଉଦାର ଉଦ୍ୟାନେ
ଫଳ ହୋଇ ଝଡ଼ିଯିବି ଅରଣ୍ୟର ବିଜନ ବିତାନେ
ପତ୍ର ହୋଇ ସଖୀ ମୁଇଁ ଦେବି ଘନ ସବୁଜ ଆଶ୍ରୟ
ପକ୍ଷୀର ପରରେ ପୁଣି ପୋଛିନେବି ଅବସାଦ, ଲୁହ।

ପ୍ରଜାପତି ଆୟୁଷରେ ମୁଁ ଆସିବି ବହୁବାର ସଖୀ
ଚିତ୍ରିତ ଡେଣାରେ ଦେବି ସପନର ମାନଚିତ୍ର ଆଙ୍କି
ପାଦର ପରାସ ତୁମ ନେବାପାଇଁ ଚିରଦିନ ହରି
ଘାସର ଗାଲିଚା ହୋଇ ଦେହ ମୋର ଦେବି ମୁଁ ପ୍ରସାରି।

ତୁମରି ପ୍ରଣୟ ମୋର ଜୀବନରେ ଭରିଛି ବିଶ୍ୱାସ
ସୁରଭିତ କରିଅଛି ତୁମ ସ୍ପର୍ଶ ପ୍ରତିଟି ପ୍ରଶ୍ୱାସ
ପୟୋଧିର ଗଭୀରତା ତୁମେ ମୋତେ ବୁଝାଇଛ ସଖା
ଆକାଶର ଉଦାରତା କଳିଛି ମୁଁ ତୁମକୁ ଗୋ ଦେଖି।

ସନ୍ଧ୍ୟାର ନକ୍ଷତ୍ର ହୋଇ ମୁଁ ଆସିବି ତୁମ ପାଇଁ ସଖୀ
ସକାଳର ଖରା ହୋଇ ସବୁଦିନ ଯାଉଥିବି ଦେଖି
ଶ୍ରାବଣର ବର୍ଷା ହୋଇ ତୁମକୁ ମୁଁ ଦେବି ଗୋ ଭିଜେଇ
ବସନ୍ତର ମଳୟରେ ତନୁ, ମନ ଦେବି ଉଲୁସେଇ ।

ବାରମ୍ବାର ଫେରିବି ମୁଁ ଚେତନାର ଚଇତାଳି ପରି
ଦୀପ ହୋଇ ଜଳିବି ମୁଁ ଫୁଲ ହୋଇ ପଡୁଥିବି ଝରି
ତୁମେ ସଖୀ ସୂର୍ଯ୍ୟମୁଖୀ ଅହରହ ମୁଁ ଗୋ ସୂର୍ଯ୍ୟ ସମ
ତୁମ ଚାରିପଟେ ଉଇଁ ଚୁମୁଥିବି ପାଖୁଡ଼ା ନରମ ।

ଶ୍ରଦ୍ଧାର ଶରଧାବାଲି ବିଶ୍ୱାସର ବାଇଶି ପାହାଚ
ଆଶାର ଆକାଶଦୀପ ଚେତନାର ଚିନିଚମ୍ପା ଗଛ
ପ୍ରୀତିର ପ୍ରତିମା ତୁମେ ପ୍ରିୟତମା, ତୁମେ ବରନାରୀ
ତୁମପାଇଁ ପୃଥିବୀକୁ ମୁଁ ଆସିବି ବାରମ୍ବାର ଫେରି ।

BLACK EAGLE BOOKS

www.blackeaglebooks.org
info@blackeaglebooks.org

Black Eagle Books, an independent publisher, was founded as a nonprofit organization in April, 2019. It is our mission to connect and engage the Indian diaspora and the world at large with the best of works of world literature published on a collaborative platform, with special emphasis on foregrounding Contemporary Classics and New Writing.